Ulrike Voss, *Einmal im Dunklen*

Ulrike Voss

Einmal im Dunklen

Erotischer Roman

konkursbuch
Verlag Claudia Gehrke

Für Ruth, Marion & Elena

1. Der angekündigte Sturm

Plötzlich ging das Licht aus. Plötzlich ist das falsche Wort. Es war zu erwarten, dass es Stromschwankungen geben würde. Warnstufe Orange. Ein Sturm war angekündigt worden, und nur deshalb saß ich hier.

Der Flughafen war geschlossen, mein Abflug verschoben. Ich hatte keine Lust gehabt zu warten und war zurück in das Ferienhäuschen gefahren, das noch keine anderen Gäste beherbergte, denn es hatte natürlich auch niemand ankommen können.

Draußen war es ruhig. Aber das hieß nichts. Es konnte von einer Sekunde auf die andere losgehen.

Ich hatte gegessen, überflutet von Glück, völlig grundlos.

Ich entschloss mich beim Essen, den Urlaub um eine Woche zu verlängern. Denn der Flughafen konnte mehrere Tage geschlossen bleiben, und den Stress, jeden Tag hinzufahren und eventuell wieder zurück, wollte ich mir ersparen. Oder, schlimmer noch, dort warten zu müssen, und wenn der Abflug nicht am gleichen Tag möglich war, von Condor in eins der hässlichen Hotels neben dem

Flughafen verfrachtet zu werden. Am Flughafen kam der Wind seit Tagen aus Südwest, der gefährlichen Richtung, heftige Böen und Fallwinde machten Starts und Landungen schwierig bis unmöglich. Und nun auch noch diese Warnung.

Es war dunkel. Die Tür stand offen. Ein Streifen Mondlicht fiel in die Bar. Schien auf die Haut einer Frau, die an der Theke saß. Zwischen Jeans und Top leuchtete es weiß. Zarte Linien auf dem Weiß. Ich glaubte, das Blut fließen zu sehen. Schattenspiele. Ich hatte Wein getrunken, konnte meinen Blick nicht abwenden, ich war verzaubert. Es gab nur diesen weißen Fleck in der Nacht und das Glück.

Das Licht ging wieder an. Sie drehte sich um, mein Blick auf ihrer Haut, das Weiß verschwand im Licht und ich sah sie an. Und es war mir peinlich, dass sie mein Starren gespürt zu haben schien.

Sie lächelte. Sagte etwas in meine Richtung. Ich verstand sie nicht. Sicher sagte sie etwas zum kommenden Sturm. Alle, die ich kannte, hatten sich mit Kerzen eingedeckt. Es wurde auch empfohlen, nur in dringenden Fällen aus dem Haus zu gehen. Am kommenden Morgen würden die Schulen geschlossen bleiben.

Die Bar war gut besucht. Niemand hielt sich an die Warnung. Der Barhocker neben der Frau an der Theke war nicht besetzt. Ich hatte sie noch nie hier gesehen. Der Kellner räumte meinen Teller ab, ich sah, wie mich andere Gäste erwartungsvoll ansahen, sie hofften auf einen freiwerdenden Tisch zum Essen. Ich stand auf, ging zur Theke, setzte mich neben sie.

Sie bestellte gerade einen neuen Wein. Vor ihr standen schon zwei der kleinen Gläser, die sie jetzt zurückreichte. Ich betrachtete ihr Profil. Eine elegante Kurzhaarfrisur, leicht gelockt, glänzend schwarzes Haar und anders als der weiße Streifen auf dem Rücken war ihr Teint olivbraun. Ich bewunderte gerade ihr schönes ausgeprägtes Kinn, als sie sich umdrehte und auf Spanisch fragte »Wollen Sie auch einen?« Eine melodische Altstimme. Etwas in mir begann zu glühen. Im Licht der Bar erschienen ihre Augen höllisch schwarz und feucht. »Zwei Wein bitte.« Ich starrte wieder, jetzt auf ihre kräftigen Oberarmmuskeln. Ein Tattoo, eine bunte Eidechse. »Eine Erinnerung«, sagte sie, als sie meinen Blick verfolgte. Wir tranken schweren Rotwein, den ich hier noch nie getrunken hatte.

»Bist du auf Urlaub hier? Gefällt dir die Insel? Schon oft in dieser Bar gewesen?«

»Ja.« Mein Spanisch ist nicht gut und ich war seltsam aufgeregt, sodass ich ziemlich einsilbig antwortete.

An den Wänden der Bar hingen Postkarten aus aller Welt, auch ein paar aus Berlin. »Da wohne ich«, sagte ich und deutete auf eine der Karten.

»Berlin! Das muss eine tolle Stadt sein, alle möchten dorthin!«

»Und du? Bis du von hier?«

Sie erzählte, dass sie aus Madrid komme. Früher habe sie auf den Inseln gelebt, vor und während ihrer Ausbildung. Auch auf dieser Insel hatte sie schon einmal einen Job, aber das sei vor bald zwanzig Jahren gewesen. Und nun sei sie das erste Mal wieder hier, für ein paar Wochen. Man habe ihr diese Bar empfohlen. »Du hast doch sicher die Plakate gesehen, die vom Zirkus Caracol?«, fragte sie.

Ich hatte Zirkusplakate gesehen. Mit gezeichneten Löwen, weißen Pferden und Clowns, im Hintergrund eine Artistin in goldenen Stiefeln mit flammend rotem Haar, weiße Vögel flogen um sie herum. Altmodische Plakate wie aus den Sechzigern. Auch in den letzten Jahren waren sie mir schon ins Auge gefallen und ich dachte, es wäre doch nett, im Urlaub einmal in einen Zirkus zu gehen. Aber Beate wollte nicht. »Ich hasse Zirkus! Das ist doch Tierquälerei!« Die eingesperrten Tiere hatte sie schon als Kind befreien wollen.

Diesmal war ich ohne Beate gereist. Sie musste arbeiten. Zwei Kolleginnen waren krank. Sie hatte mir zugeredet, trotzdem zu fliegen. In letzter Zeit stritten wir uns oft. Ich stand neben mir und sah zu, wie wir beide entgleisten. Was wir uns an den Kopf warfen, war vorhersagbar, wir reagierten wie

Automaten, aus nichtigen Anlässen. Es ging immer um banale Dinge. Im Nachhinein betrachtet war es jedes Mal nicht mehr nachvollziehbar, wieso wir uns gestritten hatten. So auch der Streit kurz vor meiner Reise: Beate wollte noch einen Wein trinken, ich war hungrig und dazu der Meinung, Beate habe genug getrunken. Die Kneipe, in der wir nach dem Kino gelandet waren, hatte nichts zu essen. Im Auto schrien wir uns gegenseitig an.

»Immer wenn ich mal feiern möchte, musst du das bremsen. Es gibt jetzt auch anderswo nichts mehr zu essen. Dass du auch immer nachts essen musst! Das ist ungesund. Ich will einfach in Ruhe noch einen Wein trinken!«

»Du hast doch schon genug getrunken, das ganze Auto stinkt nach deiner Fahne!«

Dann schwiegen wir eine Weile und dann wiederholte sich der gleiche Dialog. Immer wieder, mit spiralförmigen Steigerungen, immer schlimmer.

Wieso fiel mir das jetzt ein? Ich antwortete der fremden Frau. »Klar habe ich die Plakate gesehen, wieso?«

»Wegen der Sturmwarnung wurde die Abendvorstellung abgesagt. Darum bin ich hier.«

Sie erzählte, dass sie Schauspielerin sei. Doch Arbeit finde sie schon seit Jahren kaum mehr. Für die Rollen junger Frauen sei sie zu alt und für die alten Frauen sei sie noch nicht reif genug. »Darum bin ich schon den dritten Winter als Moderatorin in diesem Zirkus. Der Zirkus Caracol ist jeden Winter auf den Inseln unterwegs. Komm doch mal in eine Vorstellung! Diesmal reist als Gastensemble auch noch eine tolle Artistengruppe aus Kuba mit. Sieben Männer und Malena, die Seiltanzkönigin, die sind wirklich gut! Nächste Woche bauen wir hier ab und fahren weiter nach Gran Canaria.«

Sie bestellte noch zwei Wein. »Mit anderen trinkst du auch«, war mir Beate im Ohr. »Nur mit mir nicht!«

»Und was machst du?«, fragte die Frau.

Die Tür der Bar stand immer noch offen. Der Sturm schien nicht angekommen zu sein.

*

Wir plauderten über ihr und mein Leben, über lokale Ereignisse auf der Insel und die Welt-Finanzkrise und ich wunderte mich, dass mir das Spanische immer flüssiger von den Lippen ging. Inzwischen hatten wir sicher fünf oder sechs Glas Wein getrunken. Eigentlich müsste ich lallen. Die Bar hatte sich geleert, wir waren die Letzten.

»Was war das eigentlich für ein Wein?«

»Ich habe Manolo, den Wirt, ausgefragt, welche Weine er selbst mit Freunden trinkt. Er hat mir den aus dem dunklen Fass vorgeschlagen. Und jetzt gibt's noch was Besonderes als Abschluss.« Zwischendurch hatte sie immer wieder mit Manolo geplaudert. Sie redete mit ihm schneller und mit mehr Vokabular als mit mir, sodass ich wenig verstanden hatte. Manolo goss eine honigfarbene Flüssigkeit in die Gläser.

»Der Wein ist siebzehn Jahre alt«, sagte er, »ich habe nur noch sehr wenig davon im Fass. Aber für euch«, er zwinkerte meiner Gesprächspartnerin zu, »und für diese besondere Nacht, das muss einfach sein!«

Sie nahm ihr Glas, sah mich an.

»Wie heißt du eigentlich?«, fragte ich.

Wir hatten über so vieles geredet, mein Leben – ausgenommen Beate – hatte ich vor ihr ausgebreitet, doch unsere Namen nannten wir erst jetzt.

»Lucía, und du?«

»Anna.«

»Was für ein schöner Name«, schmeichelte sie, »den gibt es auch im Spanischen. Ich werde also kein Problem haben, ihn auszusprechen.«

Es war still. Manolo war in die Küche verschwunden. Der Sturm schien nicht angekommen zu sein. Wenn draußen Sturm wäre, würden wir ihn hören. Ich bekam eine Gänsehaut. Dann nahm auch ich mein Glas, wir blickten uns an und sie sagte: »Trinken wir auf uns und auf diese ewige Nacht.«

Der Wein floss in meinen Körper, Honig, Schärfe, süße schwere Trauben und unbekannte Gewürze vereinigten sich. Eine Weile lang sagten wir nichts, genossen Schluck für Schluck. Ich fühlte meine Brüste schwellen, die Schenkel spannten in der zu engen Jeans, die Lippen öffneten sich, ich wollte sie, ich wollte sie jetzt. Ich wollte, dass die Lippen berührt würden, der Wein floss durch mich und aus den Lippen hinaus, hin zu ihr, hin in die unbekannte Nacht vor dem Sturm.

Sie setzte ihr Glas ab. »Möchtest du mit mir kommen? Wir können auch im Wohnwagen noch ein Glas trinken. Und ich habe hervorragenden Stoff zum Rauchen.«

»Ja«, dachte ich. »Ja, ich möchte, ich möchte es, ich möchte es jetzt, sofort, ich möchte nicht rauchen, ich möchte, dass du mich packst, deine kräftigen Arme um mich schlingst, mich zu Boden treibst und in mich dringst«, die Wärme des Weins ließ mich brennen.

»Nein«, sagte ich, »nein, ich habe morgen früh eine Verabredung«, ich log, »ich muss noch ein bisschen schlafen.« Himmel noch mal!, wieso hatte ich Angst. Die Frau war toll, eine mutige, kräftige, aufregende Frau, und ich war geöffnet, meine Möse floss zu ihr hin, ich hatte diese zusätzlichen Tage auf der Insel, ich war frei! Dass ich ausgerechnet heute die ollste Unterhose trug, die ich nur auf dem Herflug angehabt hatte, um nicht schon eine von den frisch gewaschenen zu tragen, kam mir auch in den Sinn. Ich hatte sie hier wegschmeißen wollen, es vergessen, nach Verschiebung des Flugs keine frische Wäsche mehr und diese doch noch einmal angezogen. Eine Omahose, weiß, glatter Stoff und sogar schon mit einigen kleinen und einem hässlich ausfransenden größeren Loch, ich glaube, es gab auch einen kleinen Blutfleck, der beim Waschen nie rausgegangen war. Eklig! Die könnte ich im Klo entsorgen. Ohne Unterhose in Jeans, ist doch sexy. Beate musste es nicht erfahren. Noch nie hatte ich mich, seit wir zusammen waren – und das waren inzwischen knapp sieben Jahre – mit anderen eingelassen. Es gab kleine Flirts, das schon, aber nichts von Bedeutung. Die meisten unserer Freundinnen, die versucht hatten, Polyamory zu leben, waren inzwischen wieder mit nur einer liiert. Ich selbst wollte mit Haut und Haaren lieben, wollte meine Gefühle und auch meine intensiven Empfindungen beim Sex mit einem Menschen, auf den ich mich eingelassen hatte, nicht verwirren. Allerdings schliefen Beate und ich in letzter Zeit nicht mehr oft miteinander. Ich hatte, als ich jünger war, lange vor Beate, ja wohl genug Sex ausprobiert! Doch noch jedes Mal, auch das erinnerte ich in diesem Moment – und fragte mich zugleich, wieso mir mein halbes Liebesleben durch den Kopf schoss – noch jedes Mal, nachdem ich mich auf eine Affäre neben einer anderen eingelassen hatte, funktionierte der Sex mit der vorherigen Partnerin für mich nicht mehr in der gleichen Intensität. Ich wollte es oft, zwei oder mehr Lieben nebeneinander zu leben, hatte nicht verlassen können, nicht verlassen wollen und war schließlich verlassen worden. – Doch das war lange her. Dass Beate und ich uns in letzter Zeit so oft stritten, musste doch nicht heißen, dass ich jetzt hier mit dieser Fremden aus dem Zirkus – Zirkus, wie kitschig! – was anfinge. »Nein, heute nicht«, fügte ich hinzu, »aber ich bin noch ein paar Tage hier.« Was sollte denn das: »heute nicht« ? Das war mir so herausgerutscht.

»Ich begleite dich zum Auto«, antwortete sie nur.

Wahrscheinlich war sie nicht lesbisch. Wir hatten über ihre Arbeit als Schauspielerin gesprochen, über ihre Zeit hier auf den Inseln, nicht über ihr Liebesleben. Über meines auch nicht. Vielleicht wartete im Wohnwagen ein kubanischer Akrobat auf sie. Oder, falls sie doch lesbisch war, die schöne Akrobatin aus der Gastgruppe, von deren Seiltanzkunststücken sie mir vorgeschwärmt hatte. Durften die überhaupt raus aus Kuba? Mir fiel auf, dass ich kaum etwas darüber wusste, wie das Leben in Kuba war. Dass Artisten auf Gasttournee mit einem spanischen Zirkus gehen durften! Vielleicht war auch einer der Clowns ihr Lover. Und sie wollte mich nur an dem selbstgezogenen Gras von Freunden aus dem Norden der Insel, die sie noch von früher kannte, teilhaben lassen, wollte unser vergnügtes Reden miteinander weitertreiben, sonst nichts. Sie hatte mir von dem Gras vorgeschwärmt. So wie der honigfarbene Wein sei auch das etwas Spezielles dieser Insel. Sie rauche nicht, keinen Tabak, nur Gras pur. Sicher war sie nicht lesbisch! Aber ihr war genau diese Bar empfohlen worden – das Lokal war unter Einheimischen und Auswanderern bekannt für sein gutes und günstiges Essen und es war genauso bekannt unter den Lesben und Schwulen der Insel, es galt als Treffpunkt – der Wirt Manolo war schwul, und oft arbeitete auch Carlota an der Theke, eine lesbische Frau aus der Hauptstadt. Und wie Lucía mich angeschaut hatte! Oder bildete ich mir das nur ein? War es nichts als der Wein, der Wind, der Mond? Der drohende Sturm, der als Spannung in der Luft lag? Erkannte ich Lesben überhaupt, wenn sie aus einer fremden Welt kamen wie Lucía?

Sie erhob sich von ihrem Barhocker und ging vor mir zur Tür. Alles an ihr war lang, lange Beine, lange Arme, ein langer Kopf, eine lange Nase. Der Rücken kräftig. Die Muskeln spielten zwischen deutlichen Schulterblättern.

Ich wollte sie berühren. Ihr Arsch wölbte sich rund und hoch heraus. Ein afrikanischer Arsch, kam mir in Sinn und dann Beate. »Dass du Frauen immer so machomäßig anschauen musst! Und diese rassistischen Bemerkungen! Afrikanisch!«

*

Die Nacht war noch immer still. Kein Lüftchen rührte sich, nur weit oben tobten einige Wolken gespenstisch um den Mond. Die Straßen verlassen. Eine unheimliche Stimmung. Das Auto stand am Rand des Orts. Ich fröstelte.

»Warst du schon einmal im Sommer hier?«, fragte sie. »In den warmen schönen Nächten.«

Ich war noch nie im Sommer hier gewesen.

Am Auto angekommen, streckte ich ihr die Hand hin, um mich zu verabschieden. Wollte ich sie auf Abstand halten? Meine Möse tobte. Sie lachte, nahm mich in den Arm, gab mir die üblichen flüchtigen Wangenküsse. Sie berührten mich wie Flammen. Als Kind zog ich mit Vergnügen meine Finger durch Kerzenflammen. Hitze, kurzer Schmerz, Lust. Das war es. Eine flüchtige Sekunde lang schwankte ich, »wo ist dein Wohnwagen?«

»Beim Zirkus natürlich. Das Zelt steht hinten auf dem großen Parkplatz, komm doch einfach mit! Dann musst du auch nicht mehr Auto fahren.«

Ich riss mich zusammen, vergaß das Feuer und schüttelte stumm den Kopf.

»Wir haben, wenn die Sturmwarnung nicht aufrechterhalten wird, morgen und Freitag Vorstellungen. Donnerstag ist frei. Sag mir, wann du kommst, ich lass dir eine Karte hinterlegen. Eine Karte für Anna, für die schöne, scheue Anna.«

Als schüchtern oder scheu empfand ich mich wirklich nicht. Aber vielleicht hatte ich das Wort falsch verstanden. Mein Spanisch schwand, ich verstand und sprach nicht mehr spontan, sondern musste jedes Wort im Kopf übersetzen.

»Freitag«, antwortete ich. Bloß nicht morgen. Freitag würde ich dieses Begehren hoffentlich unter Kontrolle gebracht haben, könnte mir einen vergnüglichen Abend im Zirkus machen, anschließend vielleicht einen Wein mit ihr trinken und mehr nicht.

Das Licht in den wenigen noch erleuchteten Fenstern ging aus. Auch die Straße war dunkel. Es war totenstill. Mein Herz raste. Angst überkam mich. Eine schwarze Wolke vor dem Mond. Sie war nicht mehr zu sehen. Die Wolke zog am Mond vorbei. Ihre Augen tauchten auf, schimmerten aus dem Dunkel. Sie stand sehr nah, ihr Atem berührte mich, dann ihre Lippen zum zweiten Mal. Ihr Gesicht leuchtete auf, als sie sich von mir löste, »bis Freitag« sagte, sich umdrehte und ging.

Ich stieg ins Auto, das Licht in den Fenstern ging wieder an Vielleicht tobte der Sturm auf der anderen Inselseite und hatte das Stromwerk getroffen. Ich versuchte, mich zu beruhigen.

*

Einmal streifte ich in einer engen Kurve eine Steinmauer. Im Ferienhaus angekommen, zitterte ich. Dass ich die Fahrt überhaupt geschafft hatte, so betrunken! Hoffentlich war der Kratzer nicht zu deutlich. Vom Sturm immer noch nichts. Seit den großen Sturmschäden mit Toten vor ein paar Jahren warnten sie vor jedem starken Wind. Nicht immer kam er wie angekündigt. Ich dachte, als ich ins Bad ging, wie kannst du nur die Gelegenheit einer solchen Nacht verpassen, nie wird sich diese spontane Innigkeit wiederherstellen lassen! Wenn wir uns das nächste Mal begegnen, ist sie anderer Stimmung, bin ich anderer Stimmung, wird sie mich nicht mehr mit heißen Augen anschauen. Hatte nicht der Wirt, hatte nicht Manolo gesagt, als er uns den Wein einschenkte, »auf euch und auf die besondere Nacht!«? Und ich, ich lasse diese Nacht einfach vorübergehen. Ich legte mich ins Bett. Noch immer war es beängstigend still. Nicht einmal die Hunde bellten. Alles drehte sich. Im Einschlafen spürte ich die Eidechse ihres Arms zwischen meinen Brüsten. Ich schlief ein paar Stunden oder Sekunden, dann schreckte ich hoch. Die Fensterläden, die in diesem Haus außen angebracht waren, untypisch, schlugen an die Wand, auf das Dach donnerte es, die Palmen machten ohrenbetäubenden Krach. Der Sturm war da. Ab und zu klang etwas wie ein Schuss. Ein blecherner Knall. Mir klopfte das Herz bis zum Hals. Ich stand auf, spähte durch das Fenster, der Himmel war schon dunkelgrün. Ich drückte den Lichtschalter, doch das Licht ging nicht an, tastete mich in die Küche, öffnete Schubladen und fand keine Kerzen. Das Meer weit unten leuchtete golden, der halbe Mond über dem Meer würde bald untergehen. An die Wand gedrückt saßen zitternd einige der Nachbarskatzen, ich stemmte die Tür auf und ließ sie herein. Bis der Morgen graute, starrte ich aus dem Fenster, eine der Katzen auf dem Schoß. Das Vordach flog weg und dann war der Sturm vorbei.

*

Einige Stunden später erwachte ich. Ausgeruht trotz des wenigen Schlafs. Ohne Kopfschmerzen. Der naturreine Wein. Sie hatte mir einen Vortrag gehalten über die Chemie in manchen der Weine, der hier in Flaschen verkauft werden. Und dass Kopfschmerzen von der Chemie kämen. Die

Sonne strahlte, ich ließ die Katzen hinaus und rief die Vermieterin wegen des Vordachs an.

Ich gehe in die Sonne, dachte ich. Es war noch immer windig. Ihre weiße Haut zwischen Hemd und Hose. Ihr goldbraunes Gesicht. Vielleicht legte sie sich nie in die Sonne. Vergiss es, dachte ich im selben Moment, ich liebe Beate! Und auch wenn wir seltener Sex hatten als zu Beginn, war er schön, vergiss es! Wieso sollte ich eine Frau, die ich einmal gesehen hatte, und zunächst nicht einmal sie, sondern nichts als einen schmalen Streifen weißer Haut in einer dunklen Bar, beleuchtet vom Mondlicht, wieso sollte ich diese Frau begehren? So ein Quatsch! Ich gehe in den Zirkus und das wird es gewesen sein. Würde sie nach der Show weggehen? Oder blieb sie und trank mit den Kollegen? Und doch. Ich wollte die zwei Tage nutzen, um – das Wetter war wirklich nicht nach Baden gewesen während meines Urlaubs – meiner widerwärtig weißen, leicht marmorierten Haut – besonders der auf den Brüsten – noch etwas Bräune, einen Hauch Schönheit zu verschaffen. Und wenn ich frieren würde. Eine Woche. Eine Woche mehr Urlaub, nur weil ein Sturm angekündigt war. Ich werde sie genießen, dachte ich, nicht weil ich diese Frau getroffen habe, sondern für mich. Nur für mich. Und die Sonne schien noch immer! Keine Wolke in Sicht.

Ich fuhr zum Strand. Einige Palmen waren vom Sturm herausgerissen worden, eine surreale Insel von drei Palmen schwamm im Meer. Der Strand war gesperrt. Unten wehte noch heftiger Wind, schwarze Sandwolken stürmten hoch zur Promenade und peitschten mir ins Gesicht. Scharf! Plötzlich war ich scharf, nass, verrückt. Wäre ich doch die Nacht mit ihr in den Wohnwagen gegangen!

Auf dem Weg zurück ins Ferienhaus kaufte ich ein. Würde ich mich eben auf der Terrasse sonnen, Blick übers ferne Meer, Kaffee trinken und lesen.

Die Vermieterin war da und begutachtete den Sturmschaden. Die Fensterläden klapperten im Wind.

Ich hatte es ihr schon am Telefon gesagt. Aber wiederholte es, mehr für mich. »Ich fliege nächsten Dienstag, die Flüge waren gecancelt, ist das okay oder ist das Haus vergeben?«

Sie schaute irritiert. »Kein Problem. Ist erst wieder in drei Wochen vermietet, hatte ich das nicht schon am Telefon gesagt? Ich habe Antonio angerufen, er wird das richten mit dem Dach. Ist mir lieber, er macht es gleich, sonst wird es nie was.«

Ich ahnte, was mich die nächsten Tage erwartete. Jemand namens Antonio und vielleicht dessen Kompagnons, laute Musik, Bier oder Wein, während sie ein neues Vordach bauten.

Ich wagte eine zaghafte Widerrede. »Ich habe in der Zeitung gelesen, dass auch die weiteren Tage Sturmgefahr besteht, ist es nicht besser, du wartest?«

»Einen starken Sturm wird es schon nicht so schnell wieder geben.«

Verdammt. Ich sollte in eine geschützte Bucht fahren, irgendwo werde ich doch in Ruhe meine geschenkte Urlaubszeit verbringen können. Lucía. Wieso war ich nicht mit ihr gegangen? Immer wieder tauchte diese Frage auf. Die irreale Nacht vor dem Sturm, die Stille, die Dunkelheit auf den Straßen, ihr leuchtendes Gesicht, ihre Abschiedsküsse. Dass ich mir aus Vernunft wieder einmal etwas Schönes versagt, dass ich nicht den Mut aufgebracht hatte, der Lust gefolgt zu sein.

*

Bis Freitag dachte ich ununterbrochen an diese fremde Frau, an Lucía, an ihre ironisch geschwungenen dunklen Lippen, die mir in der Erinnerung sehr groß vorkamen auf ihren schmalen langen Gesicht, an die schwarzen Augen und auch an den sexy Arsch. Ich war permanent leicht erregt und wehrte mich nicht mehr. Ich spielte alle Varianten von Sex mit ihr durch, beim Gehen, im Supermarkt, beim Kochen, im Bett. Doch ich verweigerte mir jegliche Selbstbefriedigung. Ich wollte mir die Lust nicht nehmen. Obwohl ich beide Nächte vor dem Freitag im Einschlafen mehrmals kurz davor war. Es hätte nur eine Sekunde gebraucht, einen Finger an die Klit … Nein! So nicht! Ich wollte mich nicht aus der Erregung erlösen.

An Beate dachte ich in diesen zwei Tagen kaum. Wir hatten am Mittwochnachmittag telefoniert, sie beglückwünschte mich zu meiner Entscheidung, »so hat ein Sturm doch auch mal was Gutes! Er ermöglicht dir eine Woche Urlaub mehr.«

Beate hasste Wind. Das Klappern, Schlagen, Rauschen und Rascheln machten sie krank. Auch wenn ich es mit Beate immer zu überspielen versucht hatte, wurde ich bei Sturm nervös und bekam Herzrasen. Diesmal nicht. Diesmal raste mein Körper, verflüssigte sich, drängte ins Ungewisse der verpassten Nacht zurück.

»Sei doch froh«, sagte sie, als ich vom Job anfing, »das muss die doch einsehen.«

Ich war mir nicht sicher. Meine Chefin, dachte ich, während Beate etwas erzählte und ich ihr nicht zuhörte, meine Chefin, die launische Herausgeberin eines zweimonatlich erscheinenden Literaturmagazins, das gerade relativ in war, würde vermutlich verlangen, dass ich auch von hier aus meinem Job nachging. In erster Linie war ich für sie als Anzeigenrequisiteurin tätig. Ich hörte sie argumentieren: Schließlich würde sie mich dafür bezahlen! Und wenn ich keine Anzeigen für die kommenden Ausgaben einholte und sie deshalb in Zahlungsschwierigkeiten geriete, würde ich mein Gehalt auch nicht mehr bekommen. Ich könnte sicher von hier aus genauso gut telefonieren. Sie würde mir entsprechende Telefonnummern heraussuchen. Zicke! Manchmal hasste ich es, wie sie alle einwickelte mit ihrem moralischen Druck. Wer nicht für die Zeitung alles gäbe, wäre gegen die Freiheit der Kunst und würde den etablierten Markt unterstützen. Außerdem würde man die Erfolge schwullesbischer Kulturpolitik torpedieren, denn sie veröffentlichte in jeder Nummer auch einige lesbische und schwule Autoren. Die Zeitschrift war kein Szenemagazin, im Gegenteil. Sie hatte sogar Erfolg bei den Feuilletons großer Tageszeitungen, was man von Publikationen mit lesbischer Thematik oder auch nur lesbischen Figuren nicht gerade behaupten konnte. Ich hasste die Anrufe bei potentiellen Anzeigenkunden. Bis auf die wenigen, die regelmäßig Anzeigen schalteten, sagten alle erst einmal »nein, kein Geld«, aber durch häufige Anrufe und geschickte Rabattangebote schaffte ich es meist, ausreichend viele zu überreden. Was ein blöder Job! Ich sollte mir mal wieder etwas anderes suchen. Aber davor, mich um etwas Neues kümmern zu müssen, fürchtete ich mich. Ich bat

Beate, sie anzurufen und ihr zu sagen, dass ich erst eine Woche später käme. Ein Naturereignis!

Doch ich dachte nach dem Telefonat mit Beate nicht mehr an die Chefin, nicht einmal mehr an Beate. An Bea. Wieso dachte ich an sie, wenn ich überhaupt an sie dachte, mit ihrem ganzen Namen? Ich dachte an Lucía, fragte mich, was sie machte, wann sie am Morgen in diesem Wohnwagen, den ich mir noch nicht vorstellen konnte, erwachte, ob sie von dort in ein Café ging zum Frühstücken oder ob sie sich selbst versorgte, sie schien mir eher der Cafétyp, und fragte mich, wann ihre Arbeit losging. Ob sie einfach nur zu den Vorstellungen auftauchen musste? Sie musste sicher nicht proben vorher. Wie moderiert man in einem Zirkus? Gibt es auch in einem Zirkus in Deutschland etwas, das man »Moderation« nannte? Ich war ewig nicht mehr in einem Zirkus gewesen. Donnerstagabend zog ich in Erwägung, die Bar aufzusuchen, in der wir uns getroffen hatten. Es war ihr freier Abend. Was unternahm sie? Ging sie mit Zirkusleuten aus? Traf sie sich mit Freundinnen oder Freunden, die auf der Insel lebten? Mit diesem Grasbauern? Oder ging sie mit ihrem Lover aus, einem Artisten – wieso stellte ich mir schon wieder einen kubanischen Seiltanzakrobaten als ihren Liebhaber vor, war ich bescheuert? Sie hatte mitreißend begeistert von dieser jungen kubanischen Gastgruppe erzählt, so viele schöne junge Männer, die mit unglaublich spielerischer und ironischer Eleganz …

Ich ging nicht in die Bar, sondern in das schicke deutsche Restaurant und gönnte mir ein teures langweiliges leichtes Essen. Ich wollte am Freitagabend keinesfalls nach Knoblauch stinken, obwohl alle hier unentwegt Knoblauch aßen, sie sicher auch. Ich würde mir eine rauschhafte Nacht gestatten. Ich würde nicht mehr als diese einzige Nacht, die ich verpasst hatte, nachholen, das redete ich mir ein. Mich auf die berühmten »elf Minuten«, in denen sich die Lust komprimiert, freuen. Und darum herum eine ganze Nacht! Ein ganzes Leben! Es würde keine zweite Nacht geben, es würde wie ein Traum gewesen sein, der nachklang im Erwachen, aber eindeutig ein Traum. Den ich Beate vielleicht irgendwann einmal als erotischen Traum erzählen konnte. Aber, käme es denn überhaupt zu dieser Nacht? Hatte ich sie nicht bereits verpasst? Ich begann zu zweifeln. Ich zweifelte an mir selbst. Was sollte ich mit ihr reden? Würde ich noch Spanisch können, oder würde ich mich aufgrund dieser absurden Wachträumereien von Sex mit einer Fremden so verkrampfen, dass es peinlich würde, weil ich nur noch herumstotterte? Freitagmittag rief ich drei Bekannte an, die auf der Insel wohnten, und fragte, ob sie mitwollten. Ich hatte plötzlich Angst, banale Angst davor, alleine hinzugehen. Ich sprach auf zwei Anrufbeantworter, eine dritte erreichte ich persönlich. Ich berichtete: »Ich habe eine Frau kennengelernt, die beim Zirkus Caracol arbeitet. Sie hat mir eine Freikarte geschenkt. Aber sich eine Vorstellung alleine anzuschauen ist doch langweilig! Und außerdem ist mein Spanisch so schlecht! Falls wir hinterher mit der Künstlerin noch was trinken gehen. Hast du nicht Lust mitzukommen? So viel ist hier nicht los, wäre doch schade, das zu verpassen. Und du sprichst so gut Spanisch!«

Ich kann nicht hingehen, dachte ich, ich strahle einen Wunsch aus, den sie wahrscheinlich nicht hat, und ich werde sicher kein Spanisch mehr können an dem Abend! Dann sitze ich blöd herum und weiß nicht, was reden. Wenn wir überhaupt noch mal einen Wein trinken werden miteinander. Meine Gedanken drehten sich im Kreis. Neben diesen Ängstlichkeiten tauchte aber auch Bea wieder auf, diesmal dachte ich an sie in dem Namen, in dem ich sie ansprach, Bea! Die Angst um die Liebe zu ihr kroch in mich. Ich fühlte mich auf einmal abgrundtief einsam. Ich würde ihr vielleicht nie davon erzählen können. Es wäre so schön, auch solche Erlebnisse teilen zu können. Es gibt Menschen, die es können! Offene Beziehungen.

Aber ich würde es nicht erzählen können und Beate würde es, wenn ich es erzählte, nicht aushalten. Ich weiß genau, dass Beate, selbst wenn sie spontan sagte, »ach nett, hast du dir noch ein Sonderurlaubserlebnis gegönnt!«, sich im Inneren in Frage gestellt sehen würde. Sie fühlte sich oft persönlich attackiert. Irgendetwas machte sie sehr leicht angreifbar. »Die mögen mich nicht«, war eine ihrer Standardäußerungen. Manchmal hatten wir darüber gestritten. »Es geht doch nur um die Sache, nicht um dich!«, sagte ich und wiederholte es, da sie sich wiederholte in ihren Verdächtigungen, beide klangen wir zunehmend schriller. Oder ich sagte: »Das bildest du dir ein, der hat dich nicht böse angeschaut! Der guckt immer so, das geht nicht gegen dich.« Sie glaubte, ein Kollege von der Buchhandlung würde sie mobben. Bei einem meiner Buchhandelsbesuche hatte sie ihn mir gezeigt. In den Zeiten, in denen ich ohne Job war, kam ich sie oft bei der Arbeit besuchen, blätterte in den Büchern ihrer Abteilung, Sachbücher und Ratgeber, und schaute ihr zu. Der Kollege war immer und zu allen unwirsch. Wenn er brummig etwas sagte, klang es, als wäre er beleidigt, weil man ihn angesprochen hatte, und als wäre die Person, die ihn etwas fragen wollte, verabscheuungswürdig. Dass er Buchhändler geworden war und nicht irgendwo saß, wo er keine Menschen bedienen musste, war das Einzige, was man ihm meiner Meinung nach hätte vorwerfen können. Mit solchen Argumenten konnte ich sie einen Abend lang überzeugen. Sie versuchte in diesem Gespräch, ihre Überempfindlichkeit aus ihrer Kindheit heraus zu erklären. Sie sei ein ungewolltes Kind gewesen, die Eltern wollten in der Zeit kein Kind mehr, sie hatten schon zwei, doch dann sei sie gekommen. Einige Jahre später kam noch ein Kind. Das Späte wollten sie auch wieder, es wurde der einzige Junge. Den verhätschelten sie. Sie glaubte sogar, ihre Eltern hätten versucht, sie als Baby oder Kleinkind sterben zu lassen. Die Eltern brachten sie einmal fast zu spät in ein Krankenhaus. Und immer wurde ihr vorgehalten, wie erfolgreich und selbstständig doch die Älteste in der Schule sei. Sie sage sich zwar heute, dass sie wahrscheinlich einiges falsch interpretiere und deshalb zu extrem reagiere auf gefühlte oder eingebildete Ablehnung. Aber ihre Sensoren, das betonte sie mehrfach, hatten ihr auch oft recht gegeben!

Leider reichte meine Überzeugungsarbeit, dass der Kollege nichts gegen sie persönlich habe, nur ein paar Tage. Dann jammerte sie wieder. Was geht mich ihre Kindheit an?, dachte ich, man muss doch selbstständig herauskommen können aus Beschädigungen, wie viele viel schlimmere Kindheiten gibt es …

Sie machte, bevor wir uns kannten, sogar eine Weile lang eine Psychotherapie oder -analyse. Darüber hatte ich gelästert, was sie mir sehr übel nahm.

Doch ihre blauen Augen kamen mir genau jetzt, wenige Stunden, bevor der Zirkus beginnen sollte, in den Sinn und wie sie mich manchmal verzweifelt anschaute. Auch dachte ich daran, wie wir lachten. Ich hatte vorher keine Beziehung gehabt, in der ich so viel lachen konnte wie mit ihr. Über Filme, über Alltagspannen, über Weltpolitik, über andere Menschen, über die sie amüsant herziehen kann. Auch über uns selbst. Es gab immer Zeiten, in denen sie sich nicht angegriffen fühlte, wenn ich mich über sie lustig machte. Bea war mir auf einmal sehr nah. Meine Lust auf die Fremde kühlte ab.

Alle drei Bekannten gaben vor, keine Zeit zu haben. Ich werde einfach nicht hingehen. Es würde eine verpasste Nacht bleiben, mehr nicht. Und es ist gut, dass ich sie verpasst habe, redete ich mir ein. Ich habe nichts verpasst, sondern gewonnen, eine Woche Urlaub, die ungestörte oder sogar neu erwachte Intensität der Liebe zu Beate. Lucía wird es vielleicht nicht einmal auffallen, dass diese Anna nicht gekommen war, und vielleicht hatte sie sowieso nicht mehr daran gedacht, und ich würde da stehen, nach einer zurückgelegten Karte fragen und Unverständnis im Blick der Kartenverkäuferin sehen, während sie auf eine Liste schaute und nichts fand.

Doch am Abend stand ich vor dem Eingang des großen Zirkuszelts, ging zum Kassenhäuschen und sagte in flüssigem Spanisch, Lucía habe eine Karte für Anna hinterlegt.

»Ja«, sagte der jugendliche Kartenverkäufer, »du bist also die Deutsche«, und gab mir eine Eintrittskarte. »Du kannst in den ersten beiden Reihen sitzen.« Er zwinkerte mir zu. Als wüsste er mehr. Als würde Lucía auf jeder Insel Karten zurücklegen lassen. Vielleicht war es ihre Gewohnheit, sich eine oder einen anzulachen, in den Zirkus einzuladen und im Wohnwagen zu verführen, und alle wissen es. Er jedenfalls schien etwas zu wissen. Ich schluckte. Die Sonne stand tief und blendete mich, als ich zurück zum Zelteingang ging und eintrat. In der ersten Sekunde sah ich nur Finsternis. Eine tiefe Angst bemächtigte sich meiner. Es war mehr als Angst, es war das Gefühl, die Welt verlassen zu haben.

Es herrschte völlige Dunkelheit, ich war blind, nur die Sonne war als dunkelroter schmerzhafter Fleck in meinen Lidern geblieben. Das Gefühl schwand, bevor ich es richtig wahrnahm. Als ich später daran zurückdachte, kam ich mir kitschig vor. Aber in diesem Moment versank ich darin.

Bis sich meine Augen nach einigen Sekunden umgestellt und an die neuen Lichtverhältnisse gewöhnt hatten. Bis ich den Geruch nach Tieren wahrnahm, nach Holzspänen und Süßigkeiten. Ich sah das Zirkusrund und schritt die Treppe der Zuschauertribüne abwärts in die zweite Reihe.

*

Die kubanischen Artisten waren ein Traum. Sie kletterten rasend schnell nach oben, bildeten Türme und Figuren und lösten sich auf in Gruppen schwebender Engel, um wieder zusammenzufinden zu einer Gestalt. Sie tauchten immer wieder auf. Dazwischen sie. Lucía. Mit roter Langhaarperücke und grell geschminkt. Mit ironischen Bemerkungen und viel Gestik kommentierte sie die jeweiligen Programmpunkte und kündigte die nächsten an. Einmal trugen sie die Clowns nach draußen. Und sie kam empört schimpfend zurück, um die nächste Nummer anzukündigen: Gänse und Strauße. Die Tiere in diesem Zirkus machten keine Kunststücke, sie liefen nur durchs Rund, angetrieben von den Kindern der Artisten, begleitet von Lachen und Quietschen. Das einzige Tier, das mehr zu tun hatte, war ein geschecktes Pferd, auf dem eine schöne Frau mit wehendem schwarzem Haar tanzte. Ich dachte kurz an Beate und dass selbst ihr dieser Zirkus hätte gefallen können – doch sicher hätte sie immer noch eine Bemerkung fallen lassen darüber, dass die Tiere in Käfigen mitreisen müssten. Ich hörte ihre Stimme sagen: »Auch das ist Quälerei!« Doch ich dachte an Beate seltsam unbeteiligt, als wäre sie eine ferne Freundin, die ich regelmäßig zum Wein träfe und nicht die Frau, mit der ich seit einigen Jahren zusammen war. Das Gefühl von Nähe und Verbindung mit Bea, das ich noch kurz vor dem Zirkusbesuch empfunden hatte, war fort.

Auch einen Löwen gab es, ein Löwenbaby, in das ich mich verliebte, als es direkt vor der ersten Reihe entlangspazierte und wie ein Katzenjunges mit den Kindern herumtobte, während zugleich die Clowns mit dem Publikum spielten, auf den Schößen der Gäste turnten, an Ohren und Haaren zupften und Kinder und manchmal auch Erwachsene zu Spielen ins Rund zerrten.

In einer Clownsnummer löste sich ein Clown aus der Gruppe und kam auf mich zu. Es war der einzige ganz und gar weiß geschminkte Clown, und hinter dem weißen Gesicht glaubte ich, Lucía zu erkennen. Oder sah ihr der Clown nur ähnlich? Ich war mir nicht sicher, als dieser weiße Clown vor mir stehen blieb und laut brüllte: »Das ist die schöne Anna aus Deutschland, ich möchte sie verschenken«, und mich mit sich zog. Die Stimme war mir fremd. Sie sagte, dass ich entweder mit in den Backstagebereich gehen könne und während der Pause dort arbeiten müsse oder eine Frage beantworten. Wenn ich die Frage nicht beantworten könne, würde die Strafe im Backstagebereich allerdings noch viel schlimmer ausfallen. Ich solle mir also überlegen, ob ich gleich mitkommen wolle oder die Frage wählen. Wenn ich gekonnt hätte, wäre ich in den Holzspänen versunken. Ich bin schlecht in Spielen, verliere fast immer und kann kaum eine der üblichen Ratefragen beantworten, und das auch noch auf Spanisch.

Dennoch sagte ich: »Die Frage bitte!«

Der weiße Clown grinste mich aus seinem geschminktem Gesicht an und fragte: »Wer hat das Lied gesungen, das gleich läuft? Oder, wenn du eher das weißt, wer hat es geschrieben?« Aus den Lautsprechern erklang kein mir unbekannter spanischer Hit, wie ich befürchtet hatte, sondern das Lied mit dem berühmten Vers »at the age of 37 she realized she'd never / ride through Paris in a sportscar with the warm wind in her hair«. Das haben alle, die alt genug sind, oft genug zu hören bekommen. Mir fiel nicht ein, wer es gesungen hatte.

»Ha«, sagte der weiße Clown, »na dann fragen wir das restliche Publikum«, und da tönte schon die Antwort, hundertfach, wie mir erschien. »Marianne Faithful!«

»Ja«, sagte Lucía, jetzt änderte sie ihre Tonlage und ich erkannte ihre Stimme, »the ballad of Lucy Jordan wurde berühmt in der Version von Marianne Faithful, geschrieben hat es Shel Silverstein.« Dass die Spanier das kannten! Und ich nicht einmal den Namen der Sängerin erinnerte! Wie peinlich!

»Dann folgt jetzt leider die Strafe für Anna und die anderen haben fünfzehn Minuten Pause.« Der Clown ging mit mir nach hinten ab.

Nichts von Strafe. Mein Körper erwartete schnellen Sex, Schläge, bösartige Lust, doch sie fragte nur, »wie gefällt dir unser Zirkus?«

Ich lobte überschwänglich. Sie fragte, ob ich noch Lust habe, hinterher was mit ihr zu unternehmen. Meine Hitze verflog. Atemlos – aber wie hätte es auch anders sein können, hier im Backstage, wo die Artisten ein- und ausgingen, war ja keine Berührung denkbar – sagte ich natürlich »ja«.

»Dann warte nach der Vorstellung am Ausgang, bis ich mich abgeschminkt habe. Ich muss mich jetzt wieder auf Moderatorin umschminken, bis nachher!«

*

Unsicher wartete ich vor dem Zeltausgang. Einer der Jungs, die aufräumten, kam vorbei und fragte auf Deutsch: »Bist du aus Deutschland?«

»Ja«, antwortete ich.

»Nietzsche«, sagte er, sprach auf Spanisch weiter und erzählte, dass er Nietzsche gelesen habe und ganz toll finde und der sei doch auch aus Deutschland.

»Wartest du auf Lucía?«, fragte er dann. Wie peinlich, alle schienen es mitbekommen zu haben. Wie oft machte Lucía das? Aber ich stand neben mir, es war mir egal.

»Ja, ich warte auf Lucía.«

»Komm! Ich führe dich zu ihrem Wohnwagen.«

»Aber ich sollte hier warten«

»He, komm mit, die braucht lange zum Abschminken.«

Er führte mich hinter das Zelt zu den Wohnwagen, klopfte am kleinsten und sagte: »Hier hab ich wen für dich.«

Die Tür öffnete sich, Lucía schaute heraus, eine Gesichtshälfte weiß, »komm einfach rein und warte hier, ich brauche noch einen Moment.«

Ich stieg in den Wohnwagen. Sie verschloss die Tür. Ein Bett. Schwarze Bettwäsche. Ein altertümlicher Kassetten- und CD-Player. Ein winziges Taschenradio. Musik lief. Ein Spiegel. Cremes und Schminkzeug. Die weiße Abschminkpaste. Ein Wasserkocher. Neben dem Bett ein Stapel Bücher. Sie bemerkte meinen Blick und sagte, »was soll ich unterwegs anderes tun als Radiohören und Lesen.

Kennst du …«, und dann redete sie los, erzählte von den Büchern, die sie gerade las, die Zeit verging, mein gierig erwartungsvoller Körper beruhigte sich ein zweites Mal, es war, als würden wir im Reden ertrinken. Schließlich sagte sie, »ich habe hier gar nichts, komm, wir gehen was Kleines essen.« Es war nach Mitternacht. »Ich weiß noch eine offene Bar«, sagte sie, nahm mich an der Hand, die erste Berührung in dieser Nacht. Mein Saft schoss wieder hoch. »Ich muss mal«, schaffte ich zu sagen, »wo macht man das denn hier?«

Sie öffnete die Tür und zeigte in die Richtung eines weit entfernten Klohäuschens, grinste und sagte, »ich pinkle nachts einfach neben den Wohnwagen.«

Ich hielt es nicht mehr aus, zerrte die Hose runter, hockte mich hin, »schau bitte weg!«

»Wieso«, kam prompt ihre Antwort und ich konnte es nicht mehr zurückhalten und pinkelte in rauschendem Schwall. Die ganze Zeit schon hatte ich es mir verkniffen.

»Hey, Süße, das war aber an der Zeit.«

Ich hatte mir wilden Sex vorgestellt und jetzt, jetzt pinkelte ich vor ihren Augen, im Dunklen zwar, doch mir war das peinlich. Hier neben einem alten Wohnwagen in irgendwelche heruntergetretenen Gräser zu pinkeln. Wer weiß, wer da außer ihr noch hinpinkelte. Zugleich packte mich die Lust, am liebsten hätte ich sie mitgerissen, hier, jetzt, in der Lache gefickt, »spinne ich?«, dachte ich, als ich aufstand und mit ihr das Gelände verließ und wir ein paar Straßen weiter in eine laute spanische Bar gingen, in der Männer Karten spielten, der Fernseher dröhnte und sie uns zwei Whisky bestellte. Whisky. Musste das sein. »Das trinkt man hier«, sagte sie, als die halbvollen Gläser vor uns standen. Wir tranken, wir redeten, wir lachten. Sie bestellte noch einige der Reste aus der Tapastheke. Es war drei Uhr, als wir die Bar verließen.

Sie drehte eine Zigarette aus Gras, »komm, rauch mit mir«, wir setzten uns auf eine Bank an der Straße, »da ist das Polizeipräsidium und genau hier, vor der Guardia Civil rauchen wir jetzt!«, sagte sie und ich sog den würzigen Duft des puren Grases in mich und erinnerte mich daran, dass ich das letzte Mal wohl mit ungefähr achtzehn geraucht und damals danach immer gierigen Heißhunger entwickelt und ganze Töpfe indischen Gemüsereis, oder was immer die WG kochte, in der ich wohnte, in mich geschaufelt hatte. Mein Kopf war klar. Die Uhr an der Kirche schräg gegenüber zeigte halb fünf.

»Lass uns ins Bett gehen«, sagte sie, fasste mich wieder an der Hand, wir gingen an der Tankstelle vorbei Richtung Parkplatz, auf dem der Zirkus stand.

Da hielt sie inne. Ließ meine Hand los. Stellte sich vor mich, schaute mich an. Ihr starker langer Körper! Sie stand so nah, dass ich glaubte, ihre Brüste an meinen zu fühlen, ich spürte ihre harten Nippel, obwohl wir uns nicht berührten. »Du bist ein Geschenk«, sagte sie und schaute mich an, still. Ich rührte mich nicht. Nach einer Weile redete sie wieder. »Du bist ein Geschenk, ich arbeite schon monatelang so hart, nie habe ich mich verliebt die ganze Zeit über, nie hatte ich Sex. Komm!« Sie umarmte mich, drückte sich an mich, schob eine Hand in meine Hose, öffnete mir die Lippen mit harter entschiedenen Zunge, stieß zu, »du bist schon nass und du bist nackt und weich, wie scharf!«, flüsterte sie, küsste mich und rieb mich zugleich bis ich kam und schrie, vor der Tankstelle in der Nähe des Polizeipräsidiums schrie, »ich wollte nicht kommen, nicht so schnell, so nicht, jetzt noch nicht, mach weiter, fick mich, bitte fick mich sofort, höre nicht auf! Nimm mich, ich bin nichts als geile Möse, stoß zu, ich brauch dich, beiß mir die Titten, ich verfluche mich, fick mich!«, ich schrie und schrie, völlig unsinniges Zeug, die aufgestaute Erregung der letzten drei Tage ließ sich nicht mehr eindämmen, so idiotisch das war, hier, an dieser Stelle, so kurz vor dem Bett, Worte, Töne, Schluchzer drangen aus mir, sie verstand mich nicht, ich schrie auf Deutsch und öffnete mich ihrem Eidechsenarm, flutete die

Hose, die sie mir hinunterriss, die Hand, den Arm, den ich in mir fühlte, die Eidechse glänzte feucht, die Straße, die Tankstelle, alles glänzte in meinen Augen, doch sie hatte nur ein paar Finger an meiner Klit, »komm«, flüsterte sie »wir gehen jetzt zu mir! Du bist echt scharf! Ich freu mich auf dich.«

*

Wir betraten den Wohnwagen. Das Radio hatte sie laufen lassen. Sie schaltete es aus und legte eine CD ein, nahm mich in den Arm, küsste mich mit samtiger Zunge, leckte mir das Gesicht, als die Musik einsetzte, ein getragenes melancholisches Lied, dessen Rhythmus sich langsam steigerte, es war ein kubanischer Sänger, sie tanzte mit mir durch den engen Wohnwagen, ich folgte ihren Schritten, wir wanden uns durch die anderthalb Meter Tanzfläche so rasend, als wären wir in einem großen Saal, sie ging an mir hinunter und wieder hoch, komm, meine Kleine, komm wir tanzen die ganze Nacht, die Musik wurde immer schneller, wir drehten uns, mir wurde schwindelig, wir wirbelten weiter, bis wir aufs Bett fielen und ruhig wurden.

Sie sagte: »Zieh dich aus.«

Ich zog mich unter ihren Blicken bis auf die nasse Unterhose aus – natürlich hatte ich eine der schöneren gewaschen, schwarz, leicht durchsichtig, mit Bein, ich hasste diese zu kleinen Höschen, die in die Arschritze schnitten – und bettete mich und meine bleiche Haut ins Schwarz des Lakens. Ein schwarzes Laken hatte ich das letzte Mal in meiner Pubertät gesehen. Sie zog sich ebenfalls aus, ganz nackt, und stand eine Weile über mir. Schwarzes wildes Schamhaar auf dem ausgeprägten Venushügel, der weiße Körper mit diesen langen Gliedern, dunkle kleine Nippel auf weißen Titten, ich möchte sie sofort in den Mund nehmen, diese kleinen Hügel, ich möchte sie wachsen spüren unter meinen Lippen, ich liebte ihren Körper schon jetzt. Die raue Schönheit. Auch die Achseln hatte sie sich nicht rasiert. Ihre Arme waren braun – standen wie ihr Gesicht im Widerspruch zur durchscheinenden weißen Haut auf dem Bauch – und muskulös. Auf ihrem Bauch prangte eine größere Partnerin der Eidechse, sie lag vom Venushügel aus auf einer langen senkrechten Narbe, die Hinterpfoten über zart blauen Adern, eine filigrane Vorderpfote umspielte mit dünnen Fingern den Bauchnabel, während die Eidechse am Nabel vorbeischaute und Feuer Richtung Titten spuckte. Es sah aus, als würde es zischen. Ihr Blick stürzte sich auf mich, umfasste mich, wand sich um mich. Dabei stand sie immer noch ruhig über mir. Doch dann, von einer Sekunde auf die andere, stieß sie ihr Knie an meine Scham, hart und schnell rieb sie, dass ich zu Feuer wurde und meine Hände sich in ihre kräftigen Arschbacken krallten, sie klemmte sich um meine Beine, schlug ihre Möse an meine, während sie ihre starke Zunge in mich drückte, ich konnte kaum mehr atmen und war schon wieder kurz davor. In mir drängte alles nach außen. Die Körperoberfläche wurde durchlässig, löste sich auf im Nichts, ich könnte sterben, könnte ersticken hier auf diesem schwarzen Laken, es wäre egal, ich wollte mehr, mehr, mehr, sie spürte meinen nahenden Orgasmus, zog sich aus meinem Mund, rückte ihre Möse ab, legte eine Hand auf den feinen durchnässten Stoff der Unterhose und verschloss mir die Lippen und ich zitterte vor Gier. Sie ließ mich zur Ruhe kommen, »stopp«, sagte sie, »es wird noch schöner«, leckte an mir hinunter bis zur Hose, »die werde ich zerreißen müssen«, jetzt rief sie laut, »die hast du nur angelassen, dass ich sie zerreiße«, mit einem Ruck riss sie die Hose und mich auseinander, öffnete meine Beine breit, leckte mich, ich wand mich von ihr, »nein, nein, das halte ich nicht aus, noch nicht«, ich wimmerte, schrie und stöhnte wieder, »nein, höre auf, bitte, bitte«, sie schaute kurz hoch, lachte, »ich werde nicht aufhören, nicht in dieser Nacht, nie«, und klopfte meine Klit, die wuchs. »So, du scharfes Weib, eine schöne Klit hast du da, wenn man die nur richtig aus der Reserve lockt«, sagte sie, »deine Klitoris ist so klein, ich finde sie kaum«, schoss mir der Satz einer Ex-Loverin aus der Zeit lange vor Beate in den Kopf, Lucía küsste die Klit, kam wieder hoch, ritt mich, rieb sich an meinem Schenkeln, meinem Hüftknochen, schlang ihre langen Beine um mich und nässte mich mit ihrer Spur, ich wurde kühl von ihrem Saft, ihr schwarzes Haar war nass und glitschig. Ich wollte sie, ich wollte sie mehr als alles auf der Welt, ich wollte sie jetzt ficken, wollte sie schmecken, doch entkam ich ihr nicht, »ich möchte dich«, sagte ich, »ich möchte dich lecken, komm, gib sie mir«, sie stieß die schwarze Fut auf mein Gesicht, »da leck sie«, und ich nahm ihre Klit in den Mund, die sie mir entzog und mir weiter aufs Gesicht hin und her rieb, ich hielt sie fest, »halt still«, brüllte ich, »ich bin dran«, sie kniete über mir, ich schluckte ihren scharfen, süßen, bitteren Mösensaft, nicht ein Gedanke an Safer Sex kam in mir auf, ich war wild, nur wild, ich wollte alles, doch sie entzog sich mir, rutschte nach unten, schob harte Finger in mich, stieß zu, von unten nach oben traf sie meine Bauchdecke von innen, traf diese berühmten Flächen und Punkte und stieß und stieß mit Gewalt in gleichbleibendem Rhythmus und dann wie im Tanz immer schneller, immer härter, war es ihre ganze Hand?, ich spürte nichts mehr, nichts als die Wellen, diese furchtbaren und schönen Wellen, wie sie mich davontrugen, mich zucken und krampfen ließen, bis ich spritzte wie nie zuvor. Das glaubte ich. Man glaubt immer bei gutem Sex, es wäre wie nie zuvor. Aber diesmal war es so. Ich hatte wirklich noch nie einen solchen Strahl aus mir schießen sehen, doch dann spürte ich nichts mehr und sah nichts mehr, war ich ohnmächtig geworden?, zeigten die Rauschmittel nun ihre Wirkung?, ich war in einem dunklen Innenraum, ich erinnere mich nicht, was passierte, bis ich sie wieder an mir fühlte und hörte, »so jetzt bist du gekommen, entspanne dich, meine Süße, beruhige dich.«

»Und du?«, flüsterte ich.

»Ich werde auch noch kommen, später«, sagte sie. »Komm, wir schlafen eine Runde.« Es war bereits hell. Kurze Zeit darauf musste ich so dringend, dass ich nicht weiterschlafen konnte, entwand mich ihr schlaftrunken, ging vor den Wohnwagen pinkeln und erschrak, als ich zwei Jungs aus dem Nachbarwagen klettern sah. Sie kicherten und sagten fröhlich, »hola, chica, qué tal?«, ich ging wieder rein, kuschelte mich an sie, sie hauchte halbwach, »schlaf gut, meine Kleine«, ich war wirklich etwas kleiner als sie, wenn auch nicht viel, ich flüsterte zurück, »und schlaf du auch gut, meine Große«, und dann sank ich in einen tiefen Schlaf.

*

Als ich erwachte, schien mir die Sonne direkt ins Gesicht. Lucía hatte den Vorhang an dem kleinen Fenster in der Nacht nicht zugezogen. Sie lag auf der Seite, ihr Rücken, ihr kräftiger Arsch mir zugewandt, ihre Arme um sich geschlungen, als wollte sie sich schützen. Eine Zeichnung schwarzer Punkte, kleine Muttermale, bebte zwischen und auf den Schulterblättern im Rhythmus ihres Atems. Eine Weile schaute ich der schönen Bewegung zu. Sie schien mich wach werden zu spüren, wälzte sich seufzend hin und her, drehte sich zu mir, Schlaf in den Augen, die auch im Licht noch dunkel waren, ein dunkles Braun, ich schmiegte mich an sie, das Betttuch war heiß, »ich bin nass beim Aufwachen«, raunte sie, »espumamiconcha, cómeme, cómetelotodo«, das verstand ich nicht, da führte sie meinen Kopf mit energischem Griff an sich hinab und ich leckte sie, leckte ihr den leicht bitteren Schlafgeschmack fort, bis der süße Saft emporschoss, »ja«, sagte sie nur, »ja, ja, mach weiter«, und ich lutschte und aß sie mit nassen Lippen, sie entwand sich und ich kämpfte mit ihrem Haar, folgte dann wieder ihrer kräftigen Klit, die wuchs, und den dunklen Lippen, die sich öffneten. Dunkelbraun waren sie, darin Purpur. Ich sah die schönen Lippen schwellen, als ich eine Atempause brauchte und ihre Klit leicht weiter tupfte, und schließlich kam sie leise stöhnend. »Ahh, que rico.

Un placer. Gracias … Lass uns noch eine Sekunde schlafen«, sie drehte sich um, ich schmiegte mich an ihren starken Hintern und blieb erregt und wach und dachte über die Wörter nach, die sie gesagt hatte für »Lecken«. Viel später erst suchte ich im Wörterbuch. »Cómetelotodo« bedeutet »iss mich ganz«, für »espumamiconcha« brauchte ich etwas länger, bis ich den Sinn herausfand: »schöpfe den Schaum aus meiner Möse ab!« Wir drehten uns ein paarmal und dann schlief auch ich wieder ein. Als sie das zweite Mal aufwachte und ich noch schlief, weckte sie mich, indem sie mich sacht von hinten fickte, ich spürte es zwischen Traum und Wachsein und döste genussvoll weiter, erst als sie den Daumen in meinen Arsch schob und flüsterte, »jetzt lass ich dich gleich kommen, meine kleine Geliebte« und auch sonst noch allerlei sagte, das ich nicht verstand, erwachte ich ganz, kam leise und drehte mich zu ihr. Wir versanken in einen innigen Kuss, ahh, ahhh, stöhnten wir beide. Wie war das schön, dieser Kuss. Als er nach Ewigkeiten – wahrscheinlich waren es Sekunden – zu Ende ging, begannen wir uns wieder zu lieben, sie schob mich in eine Ecke des Bettes an die Wand, während sie mich weiter und weiter fickte, meine Beine mit ihren Knien zusammendrückte, die Hand in mir, und ich glaubte, ewig kommen zu können, während sie mit großen ernsten Augen auf mich herabblickte, innehielt und sagte: »ich möchte dich glücklich machen, meine Liebe.«

Ich war mehr als glücklich. Doch ein wenig beunruhigte mich, dass sie nur einmal und ich schon so oft gekommen war. Es ist doch absurd, so zu denken, sagte ich mir zugleich, lass dich einfach ein, und als sie sich meinen Schenkel zwischen die Beine klemmte und mich ritt und ich sie küsste und streichelte und sie auch noch einmal leise stöhnend zu ihrem Orgasmus kam, war ich wirklich glücklich. Als wir beide wieder wegdämmerten, träumte ich vom Zirkus und dass ich mit den Kindern und dem Löwenjungen herumtollte und sich dann von der Zuschauertribüne eine Figur löste, auf mich zukam, es war meine Mutter, »trinken wir einen Kaffee zusammen«, sagte sie.

Wir wachten wieder auf und Lucía sagte, »trinken wir einen Kaffee«, oder hatte sie das eben schon gesagt, als ich im Schlaf war, »komm, wir gehen in die Bar an der Ecke. Einen schönen schweren Kaffee.« Es war ungefähr zwei Uhr nachmittags, als wir verschlafen den Wohnwagen verließen, und natürlich war es viel zu hell. Sie ging zurück und holte ihre Sonnenbrille.

*

Nach dem Kaffee wieder auf dem Zirkusgelände lachte sie mich an und fragte, »willst du die Tiere sehen?«

Um den Wohnwagen streunten Katzen. Ein winziges dunkelbraunes Wollknäuel strich zwischen meinen Beinen entlang und sprang erschrocken weg, als ich es streicheln wollte.

»Gerne!«

Sie führte mich zu den Straußen, den Gänsen, den kleinen Affen, dem gescheckten Pferd, das mit einem schwarzen Pony und einer Gruppe noch kleinerer Pferde zusammenstand, und zum Schluss holte sie das Löwenbaby.

»Du kannst ihm die Flasche geben.«

So stand ich da, glücklich wie ein Kind, ein Löwenbaby im Arm, Katzen zwischen den Füßen. Mit der Flasche stellte ich mich ungeschickt an, schließlich gab sie dem Löwen in meinen Armen die Flasche und dann nahm sie es, knutschte mit dem kleinen Wesen und den großen Tatzen herum. Der Geruch auf dem Gelände, nach Sägespänen, Tier und Kaffee! Paradiesisch. Ich sog ihn tief in mich.

In diesem Moment fiel mir der kleine Zirkus ein, der einen Sommer lang hinter unseren Wohnblocks campiert hatte und Kindervorstellungen gab. Mit meiner Freundin Miriam war ich in eine Aufführung gegangen und wie die meisten Kinder waren wir begeistert vom Zirkusleben. Die Traum, die Wohnblocks verlassen, in einem Wohnwagen fortreisen zu können, packte uns und trieb uns jeden Nachmittag nach der Schule dorthin. Nach einer Weile durften wir beim Ponyputzen helfen. Miriam war eines der Romamädchen, mit denen ich in die erste Klasse ging, ich muss also etwa sechs gewesen sein. Den Zirkus, auch Miriam hatte ich bis zu diesem Moment vergessen. Miriam war älter als ich. Da sie sich um ihre jüngeren Geschwister kümmern musste und wenig Zeit blieb für Hausaufgaben, war sie schon ein- oder zweimal sitzengeblieben. Wir wohnten in der mittleren Reihe Blocks. Die Familien der Roma waren in den allerletzten Blocks in der Nähe der großen Straße am Rand der Wohnblocksiedlung untergebracht. Zwischen dieser letzten Reihe Wohnblocks und der Straße gab es ein Stück Wildnis, unser liebstes Spielgebiet, und in dieser Wildnis stand der kleine Zirkus. Miriam und ich begannen zu schwärmen und uns konkret auszumalen, wie es wäre, mit dem Zirkus mitzureisen. Miriam machte sich schon ernsthafte Gedanken darüber, wie sie die zweitälteste Schwester damit beauftragen würde, sich um die Jüngeren zu kümmern. Wir bauten uns eine Traumwelt, in der wir beide als Hüterinnen der Ponys mit dem Zirkus unterwegs wären. Nicht mehr zur Schule müssten. Miriam war mutig und fragte im Zirkus, ob wir als Hilfen bei den Pferden mitreisen könnten, und erntete natürlich ein belustigtes »Nein«. Doch wir planten, uns in den Wägen der Ponys zu verstecken, und stellten uns vor, dass die Zirkusleute, wenn sie uns dann später entdeckten, sich sicher freuen würden über zwei weitere Helfer. Ich malte mir in meinen Tagträumereien sogar aus, dass ich wie die Kinder der Familie auftreten könnte. Immerhin konnte ich Salto und übte zuhause auf dem Bett. An dem Abend, bevor der Zirkus aufbrechen sollte, versteckten wir uns bei den Ponys. Meine Mutter muss Höllenängste ausgestanden haben, bis ich irgendwann in der Nacht von einem der Zirkusleute nach Hause gebracht wurde. Ich glaube, Miriam und ich trauerten diesem kleinen Zirkus noch eine Weile hinterher. Ich kann mich nicht daran erinnern, ob er je wieder dort campiert hatte, ich glaube, bald darauf wurde das Stück Wildnis zugebaut.

Der Traum im Erwachen mit meiner Mutter kam mir in den Sinn. Hatte sie mich im Zirkus besucht? Wollte sie mich warnen, wie zu der Zeit, als ich sechs war? Ich erinnerte mich auch wieder daran, wie sie versucht hatte, mir zu erklären, dass ich ihr alles sagen könne, auch, wenn ich wegwolle. Und dass ich doch vielleicht einmal in den Sommerferien in einem Zirkus aushelfen könne. So klein ich war, sie redete vernünftig mit mir und versuchte, mir etwas von ihrer Angst zu erklären. Ich solle bitte nicht einfach so fortbleiben, weil das eine solche Angst mache. Sie sagte noch, ich solle mir ausmalen, wie es wäre, wenn sie plötzlich ohne Erklärung verschwände. Ich träumte danach manchmal von ihrem Verschwinden, wachte zitternd vor Angst auf und bin, soweit ich mich erinnere, nicht mehr ohne Absprache weggeblieben – bis ich sechzehn war.

»Du schaust ein Loch in die Luft«, sagte Lucía. Ich muss wohl eine Weile versunken ins Nichts gestarrt haben. Ich erzählte ihr von der Erinnerung und fragte, »und was hast du als Sechsjährige gemacht?«

»Oh, das war nicht aufregend, erzähle ich dir vielleicht ein anderes Mal.«

Es war vier. Gleich würde die Nachmittagsvorstellung beginnen. Wir verabschiedeten uns.

»Heute Abend muss ich wahrscheinlich bald nach der Vorstellung schlafen«, meinte sie, »und morgen haben wir drei Vorstellungen, Sonntags gibt es auch eine am Vormittag, danach werde ich ziemlich fertig sein. Sehen wir uns am Montag wieder?«

Deutlich, dass sie mich weder an diesem noch am nächsten Abend wiedersehen wollte. Ich war enttäuscht. Aber hatte ich nicht nur eine einzige Nacht mit ihr verbringen wollen?

Ach nein, ich will sofort, heute und morgen! Ausschlafen und sie morgen sehen! Montag, übermorgen, das ist ja noch eine Ewigkeit hin! Und Dienstag würde mein verschobener Flug gehen.

»Montag, ja, gerne.«

»Kommst du so gegen zehn her, nach der Abendvorstellung, du weißt ja, wo mein Wohnwagen steht«, sie grinste, »und erhol dich gut!«

*

Das Radio dröhnend aufgedreht, egal, was sie spielten, ich sang mit. Glücksgefühle durchrauschten mich. Ich fuhr tänzerische Schlangenlinien, überholte gewagt, stoppte bei den schönen Blicken und als ich ankam, ließ ich ein Lied zu Ende laufen und blieb auf dem Parkplatz singend im Auto, sodass die Nachbarin vor die Tür trat, um zu schauen, wer gekommen war.

Wir winkten uns zu.

»Ich habe mir schon Sorgen gemacht«, sagte sie, »weil Sie heute Nacht gar nicht da waren. Und Sie sind ja diesmal auch so allein!«

»Och, ich hatte zuviel getrunken und bei einer Bekannten übernachtet«

Bea und ich mieteten immer dasselbe Ferienhaus. Die Nachbarin lud uns manchmal zum Essen ein. Dass sie sich Sorgen machte, wusste ich nicht.

Ich ging zum Laden, besorgte mir Brot und Käse, legte mich ins Bett, krümelte das Laken voll, während ich versuchte, meinen Krimi zu Ende zu lesen, doch es gelang mir nicht, ich wurde schläfrig und geil im Nachklang der Nacht. Ich konnte nicht anders, ich besorgte es mir selbst, einmal, zweimal, dreimal, und jedes Mal sah ich sie mich anlachen, sah, wie sie ihre Hand in mich stieß, wie sie mich an die Bettecke drängte, mich küsste und fickte, sah ihre langen Glieder, ihre weiße Haut unter der Eidechse, ich spielte es wieder und wieder durch, bis ich einschlief.

Am nächsten Morgen nahm ich mir vor, es heute nicht zu machen, sondern die Erregung auszuhalten. Sie sollte mich erlösen. Dieser wahnsinnige erste Orgasmus mit ihr! Immerzu drängte die heftige Empfindung in meinen Körper. Er verselbstständigte sich, verlangte es ununterbrochen. Einerseits sind solche Lustgefühle kaum auszuhalten, andererseits wird man sofort süchtig.

Auch, dass jemand auf einen eingeht, zuhört, was man erzählt, Sätze sagt wie »ich möchte dich glücklich machen«, auch das macht süchtig. Wann hatte Bea das letzte Mal zu mir gesagt »du bist schön!«? Oder »ich möchte dich glücklich machen«? Wann hatte sie mich das letzte Mal mit sexueller Gier in den Augen angeschaut?

Aber an Bea dachte ich an diesem Tag nicht.

Ich hatte ein paar meiner Freundinnen im Ohr, die sagten, das kann doch gar nicht sein, dass das mit dem Sex so perfekt geklappt hat. Aber welcher Freundin sollte ich es erzählen, sodass Bea es mit Sicherheit nicht erführe. Ich hatte das dringende Bedürfnis, dieses Glücksgefühl mitzuteilen.

Ich rief meine Mutter an. Hatte seit einigen Wochen nicht mit ihr telefoniert. Das mit den Orgasmen erzählte ich ihr natürlich nicht, aber ich erzählte ihr von der Begegnung mit Lucía, vom Zirkus, von spannenden Gesprächen, von der Intensität. Ich redete mit ihr auch darüber, dass ich manchmal darüber nachdenken würde, in meinem Leben noch mal grundsätzlich was zu ändern. »Einfach in eine andere Welt gehen, könntest du das nachvollziehen?« – Was rede ich da für einen Quatsch?, dachte ich – »Ja«, antwortete sie, »ich habe es nie getan, du weißt wie unglücklich ich zu manchen Zeiten mit deinem Vater war, wie oft er herumgebrüllt hat, vielleicht hätte ich einfach gehen sollen, aber ich bin bei Johannes geblieben. Man wird nie wissen, was besser gewesen wäre, den Weg, den man gerade geht, weitergegangen zu sein oder einen ganz anderen genommen zu haben. Du kannst ja nicht beides.«

Ich erwähnte, dass ich mich daran erinnert hätte, wie ich einmal in der ersten Schulklasse hatte abhauen wollen, mit dem kleinen Zirkus. »Der

Geruch nach Tieren!« Sie lachte und sagte, »vielleicht erinnerst du dich auch einmal daran, dass das nicht das einzige Mal war, dass du abgehauen bist.«

Meiner Mutter gefiel, was ich von Lucía erzählte. Mit Bea war sie lange Zeit nicht wirklich warm geworden. Einmal, in der Anfangszeit unserer Beziehung, fragte meine Mutter: »bist du sicher, dass sie wirklich an dir interessiert ist? Mir kommt es so vor, als konstruiert sie sich etwas, als wärest du ein Motorrad«, – Bea war lange bevor wir uns kannten Motorrad gefahren – »ein Motorrad hat sie einmal für notwendig in ihrem Leben erachtet und zurzeit ist das eben eine Beziehung.« Später, als Bea auch noch nach Jahren mit mir zusammen war, revidierte sie ihre spontan geäußerte Meinung und sagte, »sie setzt sich ja wirklich sehr für dich ein, ich glaube, sie liebt dich.« Meine Mutter nahm nie ein Blatt vor den Mund und konnte damit Menschen auch verschrecken. Bea glaubte, meine Mutter lehnte sie ab. »Du und deine Familie!«, bekam ich oft zu hören, wenn ich von meinen Schwestern oder meiner Mutter erzählte, »du weißt doch, die mögen mich nicht. Du musst mir nichts von ihnen erzählen.« Da konnte ich hundert Mal das Gegenteil beteuern, sie fühlte sich nicht anerkannt.

»Erzählst du bitte Bea nichts davon«, bat ich meine Mutter jetzt.

»Keine Sorge. Ich rede doch nie mit ihr, welchen Anlass sollte ich haben? Wie geht es ihr denn?«

»Ich glaube gut. Sie hat Stress mit einem Kollegen, aber das ist ja normal. Sie fand es nicht schlimm, dass ich länger bleibe. Und mir tut ein wenig Abstand zu ihr auch gut! Sag ihr bloß nichts. Sie ist doch so empfindlich.«

»Erinnerst du dich, wie ich bei Großmutter immer gelogen habe? Oder ihr verschwiegen, dass wir was unternommen hatten. Sie war tödlich beleidigt, wenn ich vergessen hatte, sie zu fragen, ob sie mitwill. O je! Das fällt mir alles wieder ein. Euch habe ich erklärt, dass Notlügen manchmal besser sind als Wahrheit. Aber lass uns jetzt nicht so lange telefonieren, das ist doch sicher furchtbar teuer für dich!« Meine Mutter machte sich immer Sorgen, dass ich in meinen wechselnden Jobs nicht über die Runden kam.

Ich bedauere noch heute, dass ich meiner Mutter nicht mehr die ganze Geschichte von Lucía und mir habe erzählen können.

Nach dem teuren Telefonat ging ich an den Strand. Das Wetter war endlich etwas besser geworden, ich war am Meer, ohne im Wind zu frösteln. Der Wetterbericht sagte allerdings neue Unwetter an. Ich legte mich zu früh ins Bett, konnte nicht einschlafen, stand wieder auf und schaute in den Himmel, bis der Mond aufging und die Sterne in seinem Glanz verschwinden ließ. Mein Körper schrie nach Befriedigung, ich unterließ es. Lucía! Am Morgen schlief ich lange. Das Telefon klingelte mehrfach. Irgendwann ging ich genervt ran. Es war Bea, wer sonst.

»Wann kommt dein Flug morgen. Ich hole dich natürlich ab!«

Ich stotterte etwas von erneuter Unwetterwarnung. Fast hätte ich vergessen, dass morgen der Tag meiner Abreise sein würde. Wie sollte ich das nur schaffen, nach einer neuen Nacht mit Lucía? Praktischerweise ging der Flug erst am Nachmittag.

»Wenn alles gut geht, kommt der Flieger um elf nachts an. Bis morgen!«

»Freu mich auf dich!«

*

Lucía öffnete nackt die Tür, als ich an den Wohnwagen klopfte, noch nicht fertig abgeschminkt. Im Wohnwagen erklang Musik. Instrumentales, dazwischen Gesang mit italienischem Text. Die Melodien mittelalterlich.

»Komm rein, Süße!« Sie gab mir einen klebrigen Kuss, »ich kann nicht warten«, sagte sie dann, »lass uns ins Bett gehen!«

Ihr Körper war noch feucht vom Schweiß der Show. Sie hatte bei ihrem Auftritt heute eine schwarze Hose aus Leder und ein buntes Plastikoberteil mit Tigerfellmuster getragen. Sie fegte beides vom Bett und führte mich dahin, ihre Eidechsen bebten, »komm, ich bin scharf auf dich.« Mir war kühl gewesen nach dem Sonnenbaden im kalten Wind, aber jetzt war ich viel zu warm angezogen. Der Wohnwagen schien zu dampfen von ihrer Hitze. Auch mir brach der Schweiß aus. Sie öffnete meine Jeans, pellte sie samt Unterhose – ich hatte extra noch mal eine gewaschen – langsam nach unten, »na, diesmal ziehen wir aber auch die Unterhose aus, dass ich dir nicht alle zerreißen muss«, und legte ihre Hand an meine geöffnete Möse. »Du bist aber mehr als bereit«, sagte sie, während Saft auf ihre Hand lief. Ich erschrak kurz. Dass ich so leicht erregbar war, wenn ich eine bestimmte Person begehrte, hatte schon zu seltsamen Situationen geführt. Zum Beispiel gab es einmal vor Jahren einen One-Night-Stand. Der Frau war das unangenehm. Sie wollte mich erobern, öffnen, gegen Widerstände kämpfen, das brauchte sie, um selbst auf Touren kommen zu können. Ich umschwärmte sie seit Wochen, fand sie sehr sexy und war dermaßen erregt allein dadurch, dass ich sie mit meinen Flirtversuchen tatsächlich dazu bewegt hatte, mich mit zu sich nach Hause zu nehmen. Ich floss ihr entgegen. Brauchte nicht einmal mehr ihre Berührung, um zu kommen. In dem Moment, in dem sie an meine bereits offene Möse und in die Nässe griff, verging ihr die Lust. Ich litt furchtbar, weil ich nicht kapierte, was los war. Wir versuchten es danach nicht mehr miteinander, sie ging mir aus dem Weg.

Lucía stützte sich aufs Bett, schob mir ein Kissen unter den Arsch, »dass du mich besser spürst«, die Musik wurde dramatischer. »Das ist eine Klagerede«, hauchte sie mir ins Ohr und redete lauter weiter, »da beklagt sich jemand, dass die Liebe zur Zweiten stärker ist als die zur Ersten. Dass die Seele leidet, denn die Erste liebte er ja auch. Und er beschwert sich bei Amor, dass der ihm erst die eine und dann auch noch die andere zum Lieben geschickt hat. Das habe ich einmal im Radio gehört und mir die Musik besorgt. Wunderschön!«

Ich bildete mir ein, ein paar Worte zu verstehen. Der Himmel brennt. Erschauern vor Liebe im Frost. Dass er, als er die andere sah, vor Glück erschauerte und doch zugleich das Glück verschwand, da er die Erste genauso liebte. Hatte Lucía Anspielungen machen wollen? Vermutete sie, dass ich nicht so frei war, wie ich mich gab? Oder wollte sie mir etwas von sich erzählen? Ich neige zum Überinterpretieren. In ihrem Wohnwagen lief dauernd Musik.

Lucía drängte zwischen meine Schenkel. Sie roch nach einem herben Parfüm gemischt mit scharfem Schweißaroma, sie tropfte auf mich, packte meine Titten, flüsterte auf mich ein, mehr brauchte ich nicht, ich stöhnte auf, zuckte an ihr, ich gierige Fut. Statt es genussvoll auszudehnen. Zu den schönen Klängen. Waren es Lauten, Harfen, Flöten?, sie erfüllten den Wohnwagen, und Lucía machte weiter, küsste mich, stieß Finger in meine erhobene Möse, bis sie rief »jetzt!«, bis ich noch einmal kam. Welche Töne ich von mir geben konnte, unglaublich, ich kannte mich nicht mehr. Sie strömten in das Konzert.

»Und jetzt gibst du es mir. Anschließend gehen wir was essen!« Ich legte meine Hand über ihre Lippen, drückte sie aneinander, wartete. Ihre Lippen pulsten. Stieß zwei Finger in sie, Daumen an der Klit, es war ihr nicht heftig genug, sie drängte gegen mich, schob sich über meine Hand, klemmte sie fest, »komm, weiter rein, nimm mich, geile Chica, reiß mir die Concha auseinander«, ihr Schweiß floss, sie tobte, sie stöhnte schließlich leise auf, im Orgasmus schrie sie nicht, im Gegensatz zu mir.

Sie setzte sich auf mich, der Schweiß perlte auf ihrer weißen Haut, ich bewunderte sie ehrfürchtig, diese durchscheinenden Adern, das Eidechsenfeuer, ein Gemälde, sie verrieb ihren Saft auf meinen Titten, ich wurde schon wieder scharf und nass, »komm, jetzt muss ich was essen, ich habe Lust auf eine Sopa de berros, kennst du die?, die gibt Energie! Hast du dein Auto hier?«

»Ja, das Auto steht auf dem Parkplatz.«

Wir zogen uns an. Ungewaschen, eingehüllt in den Duft nach Sex stiegen wir ins Auto. »Ich fahre«, betonte sie. Dass die Leihwagenfirma nur mich als Fahrerin eingetragen hatte, war ihr egal, mir auch, »ich kenne eine Bar, wo man die besten Camerones essen kann, sogar nachts. Und eine wunderbare Sopa de berros haben sie auch.« Sie raste über die Insel, schnitt Kurven, dass ich vor Angst geschrien hätte, wenn ich nicht aufgepeitscht vor Lust gewesen wäre. War mal ein Auto vor ihr, allzu viel Verkehr gab es nachts hier Gott sei Dank nicht, bedrängte sie es so lange, bis sie überholen konnte, raste weiter, ich saß nun doch etwas verängstigt an den Sitz gepresst, »du musst keine Angst haben, ich kann fahren«, ihre Muskeln spielten, ich schaute sie von der Seite an und war verliebt. So eine Powerfrau! Nach einer halben Stunde Fahrt kamen wir an, »hier muss es sein«, sie fuhr zweimal um den Platz herum, weil sie die Bar zunächst nicht fand. Doch dann entdeckten wir sie, das Außenlicht war schon ausgeschaltet, aber es saßen noch vereinzelte Gäste drin. Sie trat ein und sagte zum Alten hinter der Theke: »Na, gibt es hier noch immer diese tolle Sopa de berros und Camerones?«

»Klar«, sagte der nur, »die Suppen bringe ich gleich.« Er ging in die Küche und kam kurze Zeit darauf mit zwei dampfenden Tellern zurück. Ich wusste nicht, was berros waren.

»Ha, das ist gut, das brauche ich jetzt«, sagte sie, löffelte ihre Suppe und begann mit dem Alten hinter der Theke zu plaudern. Ich verstand kein Wort. Die Suppe war wunderbar, berros war so etwas wie große Kresse, Brunnenkresse hieß das wohl bei uns, ich erklärte ihr, dass das bei uns etwas mit Aljibe, das waren die großen Wasserzisternen, hieße. Sie lachte und sagte, »ja, um deinen Aljibe wieder aufzufüllen!«

Wir aßen, sie redete weiter mit dem Wirt, ich schwieg. Die Suppe erfüllte mich mit beruhigender Wärme.

Kaum hatten wir die die Teller leer gegessen, stellte der alte Wirt uns ohne weitere Worte zwei riesige Portionen frischer Krabben mit dem groben Meersalz hin.

Dann ging er in die Küche und kam mit einer jungen Frau zurück.

»Das ist Nuria, die Tochter«, sagte Lucía zu mir, »die war damals noch ein Kind, als ich oft hier war.«

»Was hast du hier gemacht?«, fragte ich, während sie sich der Tochter zuwandte und eine Weile mit ihr parlierte, sich dann zu mir umdrehte, sie hatte meine Frage nicht überhört, und antwortete,

»ich arbeitete zwei Jahre am städtischen Theater. Das Paar, die beiden, die das leiten, das sind wunderbare Menschen. Komm, die besuchen wir jetzt«, zahlte, sagte »tschüss bis bald mal« zu Nuria und dem Wirt, erzählte mir im Hinausgehen die Geschichte der Bar und der Familie und als sie das Auto anließ, erzählte sie von dem Paar, das wir jetzt besuchen würden.

Ich sagte, »aber es ist doch schon mitten in der Nacht, wir können doch jetzt niemanden mehr besuchen!«

»Doch«, sagte sie, »die beiden kann man immer besuchen.«

Sie raste los, Musik laut, wir sangen, bildeten einen disharmonischen Chor, ich sang auf Deutsch, sie auf Spanisch, wir öffneten die Fenster, die kühle Nachtluft wehte hinein, wir sangen, bis wir vor einem schmalen hohen Haus in der Stadt anhielten, sie drehte sich zu mir, nahm meinen Kopf in beide Hände, strich mir das verzauste Haar zurück – ich muss dringend mal wieder zur Friseuse, sie waren schon wieder schulterlang, auf der Insel schienen sie immer doppelt so schnell zu wachsen – während ich das alles dachte, zog sie mich zu sich, strich mir über die Lippen, ich glühte auf und wir küssten uns ruhig und lange nach der rasenden Fahrt und stiegen erst nach einer kleinen Ewigkeit aus. Sie schaute hoch, »da ist noch Licht«, klingelte und wir stiegen die Treppen hinauf, sie mühelos, ich geriet außer Atem. Ein Mann mit vielen Lachfalten, grauem Haar, das unter einer Schirmmütze hervorschaute, etwas Bart und mit liebevoll verschmitzten blassblauen Augen hinter randlosen Brillengläsern öffnete, »Oh, Lucía, das gibt's doch nicht, Pilar, komm mal her, du wirst dich wundern, wer uns da besucht«, rief er ins hintere Zimmer der engen vollgestopften Wohnung, »kommt rein, setzt euch, tut mir leid, wir haben nicht gekocht, möchtet ihr etwas Brot und Käse. Und Mandeln und Misperos?«

»Ja gerne«, sagte Lucía. Es war knapp vor Mitternacht. Eine Uhr begann zu schlagen. »Meine Freundin Anna«, stellte sie mich vor.

»Ich bin Antonio«, sagte der Mann zu mir und zu Lucía gewandt, »wie geht es dir denn? – Das ist ja Jahre her, mehr als zehn Jahre glaube ich, dass wir uns das letzte Mal gesehen haben, erzähle doch ...« Lucía setzte an, aber Antonio unterbrach. »Warte, bis Pilar kommt, möchtet ihr Rotwein oder Weißwein, oder vielleicht den Süßen? Wir haben hier auch einen von der Nachbarin, der ist wunderbar, ja, den müsst ihr trinken!«

Die Frau namens Pilar kam im Bademantel aus dem hinteren Zimmer, lange rotblondgraue Haare, zurückgehalten von einem Band, Feuer ihre Augen.

»Hallo, ich bin Pilar.«

»Anna«, sagte ich und ließ mich küssen.

»Lucía! Wie schön. Was machst du hier?« Lucía erzählte. Von ihren Rollen in den letzten Jahren. Im Theater. Als Kommissarin in einer Krimiserie. Von einem Clownsstück, das sie zusammen mit Freundinnen inszeniert hatte. Von ihren fehlenden Angeboten in der letzten Zeit und vom Zirkus. Antonio hörte aufmerksam zu, fragte nach und dann fragte sie die beiden nach ihrem Leben und sie erzählten.

Es war weit nach drei. Antonio erzählte von Pilars und seinen aktuellen Projekten. Pilar hatte bis zu ihrer Pensionierung die städtische Schauspielschule geleitet. Zusammen hatten sie das kleinere der beiden Stadttheater betrieben. In ein paar Tagen beginne hier ein Literaturfestival, ob wir kommen mögen, Pilar und er würden das moderieren. Er würde uns gerne Karten hinterlegen und in das Theater einladen. Es gebe auch szenische Lesungen, wunderbare Autoren treten auf.

»Ich habe Vorstellungen und danach reisen wir weiter, aber du, Anna, geh du doch.«

Pilar fragte mich, was ich machen würde, ich erzählte ihr, dass ich in einem Literaturverlag arbeite, wir redeten über Autoren, die wir beide kannten, über das Leben im Allgemeinen, und es war, obwohl ich dieses liebevolle Paar noch nie gesehen hatte, als würden wir uns ewig kennen.

»Lucía«, sagte Pilar schließlich zu mir, »ist eine wunderbare Frau. Ich freue mich, dass ihr zusammen seid und wünsche euch viel Glück.«

Ich errötete.

Gegen fünf in der Frühe verabschiedeten wir uns. »Kannst du denn noch fahren«, fragte ich Lucía. »Klar«, antwortete sie »und betrunken fahre ich nicht schnell!«

Sie fuhr tatsächlich sehr langsam zurück und stellte den Wagen auf den Zirkusparkplatz. Die Zikaden sangen und als wir ihren Wohnwagen betraten, begrüßte uns der Schrei eines Straußen, den wir vielleicht geweckt hatten. Er brüllte noch, als ich an ihren Rücken geschmiegt einschlief, in der Hand ihre rechte Titte, die genau hineinpasste, der harte Nippel in meiner Handfläche erregte mich sanft bis in die Träume hinein.

*

Als wir gegen Mittag erwachten, fiel mir mein Abflug ein. Lucía lag wieder abgewandt in sich gekringelt am äußersten Bettrand, drehte sich mit erstauntem Blick zu mir um und schaute mich eine Weile lang verschlafen an, bis sie lächelte und fragte »möchtest du mich essen?« Inzwischen wusste ich, was das bedeutete, und nickte, glücklich darüber, dass sich dieses Ritual wiederholte. Sie legte sich auf den Rücken, schloss die Augen und ich küsste ihren langen Leib hinab an der Eidechse und der Narbe entlang zu ihrer schwarzen Scham und nahm mir vor, sie beim Frühstück nach der Herkunft der Narbe zu fragen, auf der die Eidechse so beschützend lag. Ich aß sie voller Freude und Gier, bis zu ihren ersten wollüstigen Seufzern und verschloss ihre Lippen, sodass sie es zurückhalten musste, bis ich sie mit einem Ruck öffnete, ihre Klit umzüngelte und sagte, wie sie es schon zu mir gesagt hatte, »jetzt«, und sie kam und stöhnte lauter als bisher. Wir dösten wieder ein.

Ich muss dringend telefonieren, mit diesen Worten im Kopf erwachte ich und stieg nackt aus dem Bett, suchte mein Handy, vergeblich.

Ach egal, dachte ich, ich bleibe!, legte mich wieder zu ihr und wir liebten uns ruhig und langsam und schliefen weiter, bis es Zeit für die Nachmittagsvorstellung wurde. Sie fragte, »möchtest du mitkommen«, ich sagte ich müsse ein wenig herumtelefonieren, »dann komm doch in der Pause, so gegen fünf.«

Als sie ging, suchte ich hektisch nach dem Handy und fand es schließlich im Auto zwischen den Sitzen. In einer Stunde wäre mein Flug gegangen. Ich rief bei Condor an und fragte, ob ich noch umbuchen könne, kein Problem, dreißig Euro koste das, hieß es. »Sie müssten aber schon wissen, wann Sie fliegen wollen. Nächste Woche gibt es keine freien Plätze mehr für Ihre Strecke.«

»Und ab Teneriffa?«, fragte ich.

»Ja, da schon. Donnerstag und Samstag.«

Mir fiel ein, dass der Zirkus irgendwann während dieser Tage seine Vorstellungszeit hier beendet haben und zu einer nächsten Insel aufbrechen würde. Ich hatte vergessen zu welcher, vielleicht war es Teneriffa. Ich nahm den Flug am Samstag. Dann rief ich Bea an und erzählte ihr – hier war schönes Wetter, das erneut angekündigte Unwetter war bisher nicht angekommen – dass schon wieder ein Sturm angesagt sei und der Wind auf dem Flughafen keinen Abflug zuließe, ich aber versuchen würde, sobald wie möglich ab Teneriffa zu fliegen und dorthin mit dem Schiff zu fahren, ich würde ihr Bescheid geben, sobald ich wüsste, wann genau. Ich hoffte sehr, dass sie sich nicht im Internet informieren würde. Doch auf solche von Eifersucht oder Kontrollzwang erzeugte Ideen kam sie, glaubte ich, nicht.

»Alles klar«, sagte sie ohne den Hauch eines Misstrauens, »ruf mich an, sobald du weißt, wann du ankommst, ich hole dich auf jeden Fall ab! – Und wir gehen zur Begrüßung gleich zum Spanier essen … sobald ich weiß, wann du kommst, bestell ich einen Tisch.«

Der Spanier war sehr beliebt. Ohne Reservierung bekam man oft keinen Platz.

Ich ging um die Ecke in einen Zeitungsladen und kaufte mir »El Dia«, vor allem, um den Wetterbericht zu lesen. Gestern war ein Sturm angekündigt worden, un temporal, das bildete ich mir nicht ein. Es war in den Nachrichten beim Autofahren gekommen, kurz bevor Lucía weggeklickt und einen Musiksender gesucht hatte. In der Zeitung stand, dass der Sturm eine der anderen Inseln streifte und an unserer vorbeigezogen war.

Als ich zurückkam, sprach mich der Junge an, der von Nietzsche geredet hatte.

Er fragte, ob ich mitführe nach Gran Canaria, Oh schade, es ist Gran Canaria, dachte ich. Morgen würden sie abbauen, übermorgen auf das Schiff gehen.

Lust auf die Kindervorstellung nach der Pause hatte ich nicht, aber ich wollte Lucías Einladung nicht ausschlagen, ging ins Zelt und setzte mich diesmal weit nach hinten, um nicht wieder Opfer der Späße der Clowns oder der Spiele zu werden, bei denen ich mich vor kreischenden Kindern noch mehr blamieren würde.

Und war doch sofort aufs Neue gefangen von der Atmosphäre, von den tanzenden Akrobaten, den glücklich bis erschrocken über die Clowns kreischenden Kindern, von den winzigen Pferden, mir kamen sie noch kleiner vor als auf dem Gelände, kleiner als Shetlandponys, sie machten nur bei der Kindervorstellung mit. Die Kleinkinder des Zirkus führten ihre ersten Kunststücke vor, balancierten und tanzten auf den Pferden, dirigiert von Lucía, die in der Kindervorstellung wie ein Papagei aussah, geschminkt mit einem lustigen Vogelgesicht. Die bunten Ponys galoppierten über kleine Hindernisse. Eins der kleinsten Kinder sprang, oder war es kunstvoll gefallen?, vor dem ersten Hindernis vom Pferd. Lucía jedenfalls ließ es als Kunststück erscheinen und lobte das Kind für seinen Sprung. Dann stiegen alle Kinder ab, verbeugten sich, nahmen ihren Applaus in Empfang und die Ponygruppe wurde von Lucía am Publikum entlang geführt, um reitwillige Kinder aufsitzen zu lassen. Wie sie mit ihnen lachte und spielte! Wie sie die Kinder anhimmelten! Lucía sprühte vor Witz und Energie, und ich begann vielleicht während dieser Kindervorstellung, mehr als nur verliebt in sie zu sein. Vor der Pause kam diesmal ein riesiger Gummistier ins Rund und die Clowns wählten Kinder und einige Erwachsene aus dem Publikum aus, um auf ihm zu reiten. Natürlich entdeckte der Clown auch wieder mich weit hinten, und ich ritt quietschend inmitten der kreischenden Kinder auf dem vibrierenden und buckelnden Riesenstier, bis ich, wenigstens nicht als Erste, hinunterfiel.

Nach der Vorstellung fuhren wir in einen Ort direkt am Meer zu einer anderen Bar, die sie kannte, um zu essen und endlich einen Kaffee zu trinken. Am Himmel ein Schauspiel aus tanzenden Wolken, Sonne und Regenbögen. Der Atlantik unter uns kam immer näher, ein Kunstwerk. Dunkle und leuchtende Flecken. Linien wie gemeißelt, als würde sich das Meer nicht bewegen. Die Zeitung hatte von Regenwahrscheinlichkeit geschrieben. Als wir den Ort erreicht hatten, gerieten wir unter eine Wolke, die aus Nordwesten über das Meer herangerast war. Es goss, sodass wir im Auto blieben, die Scheiben beschlugen und wir uns küssten und küssten, bis die Wolke den Berg hoch gezogen war, die Sonne wieder schien und ihre Restschminke von der Kindervorstellung an meinem Gesicht klebte. Wir gingen in eine Tapasbar in einer Seitenstraße des Ortes, in dem ich schon so oft zum Baden gewesen war und diese Straße doch noch nie betreten hatte. Sie flirtete mit der Frau hinter der Theke und konnte mir anschließend deren halbe Lebensgeschichte wiedergeben: sie sei aus der Hauptstadt und der Barbetreiber, ein Onkel ihrer Mutter, den Lucía von früher kannte, sei leider vor Kurzem gestorben. Die Bar werde aber von seinen Kindern, einem Sohn und einer Tochter, weiter betrieben. Wir aßen den besten Ensaladilla der Insel. Als ich zahlen wollte, schüttelte sie den Kopf und bestellte noch zwei kleine, sie betonte »kleine«, Magno und dann drehte sie sich zu mir, legte zart die Hand in meinen Nacken und sah mich an. Alle Härchen an meinem Körper stellten sich auf. »Du bist so schön.« Sie strich mir über das Haar. »Und dein Haar so seidig und weich.« Sie zog mich zu sich und gab mir einen flüchtigen Kuss auf die Lippen. Ich entflammte. Die kurze Berührung meiner Lippen schoss wie ein Hitzestrahl in den Körper und zurück in die Lippen, in meine, in ihre, ich strich ihr über ihre heißen Lippen, waren sie immer so heiß?, und über ihr glänzendes Haar.

»Dein Haar ist aber viel schöner! Als Kind wollte ich immer schwarzes kräftiges Haar haben.«

Ihr Haar fühlte sich, jetzt wo ich es so bewusst anfasste, überraschend borstig und rau an, obwohl es seidig glänzend aussah, ich strich kurz über meines und es war im Vergleich wirklich seidig.

»Dein Haar ist so schön. Goldenes Haar, ich wollte als Kind natürlich una rubia werden. Manche der Mädchen, die erst schwarzhaarig waren wie ich, bekamen später einen Goldton ins Haar. Wahrscheinlich Berber als Vorfahren«, sie lachte, »aber ich hab vergeblich darauf gewartet. Gold und schwarz, sieht sehr schön aus zusammen. Zirkusfarben …« Sie strich mir nun das Haar zur Seite und küsste weiter und ich versank, bis sie mich ließ und sagte: »meine Goldgeliebte!«

»Gold« würde ich mein Haar ja nicht gerade nennen, auch nicht blond, nicht rubia, es war ein langweiliges verwaschenes Aschblond, Bea könnte man vielleicht blond nennen. Bea, ich dachte kurz an Bea. Sicher ging es ihr gut. Wenn nicht, hätte sie öfter angerufen. Wenn ich viel an der Sonne war, wurde auch mein Haar heller. Obwohl es während dieses Urlaubs wenig Sonne gegeben hatte, leuchteten auch diesmal einzelne Strähnen heraus. Die Luft. Der Wind. Jeder Mensch musste hier schöner werden. Die nicht kleinen Magnos kamen, wir tranken sie und danach lud sie mich in einen zweiten kleinen Ort am Meer ein, wir rasten dorthin, fuhren in den Hafen und gingen in das Lokal direkt am Wasser, vor uns dümpelten Ausflugs- und Fischerboote und man sah aus dem Hafenbecken hinaus die Küste entlang bis in den Süden. Auch dort war ich noch nie gewesen. Die Touristen, wir auch, saßen immer in den Restaurants am Strand oder in dem Lokal mit dem spektakulären Blick auf Sonnenuntergänge. Hinter die hässliche Betonmauer des Hafens ging man nicht. Die Theke war umlagert von spanischen Männern in Arbeitskleidung, an den Tischen am Hafenbecken saßen vereinzelte spanische Familien mit Kindern und sie erzählte, dass es gerade Ärger unter den Fischern gebe, weil die Behörde wegen des absurden Hafenumbaus verlange, die Boote weiter außen an ungeschützeren Plätzen anlegen zu lassen. Woher sie das alles nur wusste. »Wenn das Meer ruhig ist, kommen auch die Deutschen von den Ausflugsbooten in diese Bar«, sagte sie und bestellte noch zwei kleine Portionen Thunfisch mit Zwiebeln und Pulposalat.

»Ich bin doch schon so satt!«, versuchte ich es zu verhindern.

»Das musst du probieren! Das kann man immer essen, ist hier besonders gut.« So aßen wir zum zweiten Mal und die Geschmäcker der Insel vermischten sich mit ihrem Geschmack, als sie mich wieder küsste und die Felsen vor uns dunkelrotbraun erglühten, das Meer in allen Farben flirrend aufleuchtete und eine Gruppe Fischer ihren Imbiss beendete, einer zog einen Pullover über, und dann ruderten sie in einem winzigen Kahn hinaus, an dem Touristenausflugsbot vorbei zu einem Fischerboot, während irgendwo hinter uns, hinter der Betonmauer die Sonne unterging. Wir küssten uns immer noch, als einer der Leuchttürme sein Licht in den dunkellilablauen Himmel warf, und dann noch einer und noch einer. Ich hatte mir das Licht der Leuchttürme immer weiß vorgestellt, aber sie leuchteten in hellem Türkis. Die Dämmerung ist kurz auf den Inseln.

Sie bestellte zwei »Solysombra«, »passt zum Sonnenuntergang«, sagte sie und erklärte mir, dass das von Jugendlichen in Diskos getrunken würde.

Eine Mischung aus Anisschnaps und Brandy. Mir fiel ein, dass es in Berlin ein Lokal dieses Namens gibt, ich erzählte ihr davon, obwohl Bea und ich ein anderes spanisches Lokal vorzogen.

Als wir gingen, war es stockfinster. Wir mussten uns beeilen, dass sie rechtzeitig zur Abendvorstellung zurückkam, und sie raste die engen Serpentinen am Steilhang hoch, sodass mir wieder schwindelig wurde, von den Kurven, vom Glück.

Hinter den Serpentinen fragte ich, ob sie an einem freien Tag oder zwischen den Vorstellungen auch schwimmen gehe? Der erste Ort, dort, wo es den guten Ensaladilla gebe, sei doch der größte Badeort der Insel. Und es sei so schön im Meer!

»Baden? Aber es ist doch Winter! Wie kann man jetzt ins Meer gehen? Im Sommer gehe ich schwimmen, wenn ich am Meer bin!«

In den Sommern fuhren Bea und ich von Berlin aus an die Ostsee. Im Sommer mussten wir nicht so weit reisen, um das Meer zu sehen. Darß. Der endlose helle Strand am Wald, Laufen, bizarres Holz, die kleinen Ostseewellen, der Duft nach Meer und Tang, das waren unsere Sommer. Im Winter leisteten wir uns, seitdem wir uns kannten, zwei Wochen auf der Insel. Ich war schon vorher hier gewesen, mit Alexandra. Alex und ich hatten eine wilde Zeit, beide waren wir permanent in Affären verstrickt, wir dachten, das würde unsere Beziehung bereichern. Wir schafften es eine Weile lang, der sich unaufhaltbar zwischen zwei Menschen einschleichenden Langeweile zu entgehen. Doch beide haben wir uns schließlich in eine andere sehr verliebt. Praktischerweise zur etwa selben Zeit. Während Lucía durch die Kurven raste, kam Alex mir in den Sinn. Gab es eine Ähnlichkeit? Vielleicht in ihrer Redelust? Ich schaute zu Lucía. Alex sah anders aus, ihre Stimme klang anders, ihre Lippen waren runder geformt. Unbewegter, auch wenn sie redete. Lucías Lippen waren immer in Bewegung, und rund würde ich sie auch nicht nennen. Sie waren groß und auch in Ruhe sahen sie aus, als würde sie gleich etwas sagen, immer im Schwung, ein Schwung um den Mund, der ihr das Aussehen gab, als machte sie sich unablässig über etwas lustig. Ein wenig verunsicherte mich das auch. Vielleicht machte sie sich wirklich lustig. Über mich, die schmale Deutsche mit dem unbeholfenen Spanisch. Mit Alex hatte ich die Insel entdeckt.

Der Mond schob sich über den Berg, kurz bevor wir in die Stadt kamen, und tauchte die Straße in gespenstisch helles Licht, obwohl er doch schon kleiner als halb war. Mir wurde schwarz vor Augen.

Die Höhenunterschiede und Lucías Tempo machten wohl meinem Kreislauf zu schaffen.

*

Ich schaute mir auch die Abendvorstellung an. Es war die Abschiedsvorstellung auf der Insel für diese Saison. Der Zirkus verloste aus diesem Anlass einige riesige Stofflöwen und eine niedliche auf ein weißes Tischtuch gestickte Straußenfamilie, die diejenigen bekamen, die Fragen zur Fortpflanzung der Strauße beantworten konnten, währen die Zirkusstrauße durchs Rund spazierten, stolz ihre Hälse reckten und mit riesigen Augen ins Publikum schauten. Anders als viele Vogelarten sind sie nicht monogam, lernte ich, der Strauß lebt mit einem Harem in einem Revier. Eine der Straußinnen ist die Hauptgeliebte. Alle Eier kommen zusammen in ein Nest. Die Hauptgeliebte sortiert die Eier der Nebenbuhlerinnen aus – aber ein paar bleiben immer übrig. Strauß und Straußin brüten beide, die Küken werden auch von beiden betreut. Das war auf der Stickerei zu sehen … Ein Straußenpaar, dem eine Schar Küken hinterherstapft.

Danach gingen wir noch Wein trinken am Kiosk am Platz, zusammen mit einigen der kubanischen Artisten, und redeten schließlich über einen Roman, den Lucía soeben gelesen hatte und den alle anderen außer mir schon lange kannten, er handelt von einem Mann, der auf der Suche nach einem Schatz um die ganze Welt reist, um schließlich den Schatz genau an dem Ort in Andalusien zu finden, von dem aus er aufgebrochen war. Es war ein berühmtes Buch von Paolo Coelho und sie sagte, »ich leihe es dir aus. ›El alquimista‹ kannst du sicher mit Vergnügen in der spanischen Übersetzung lesen. So gut ist dein Spanisch schon!« Ich fühlte mich geschmeichelt. »Er schreibt einfache kurze Sätze. Nicht in verschachtelten Endlos-Sätzen, in denen z.B. ›Don Quijote‹ geschrieben ist …« Einer der Seiltänzer gab eine Runde von etwas sehr Süßem aus. Das macht man aus der Madre del vino, erklärte er mir. Das, was vom Wein übrig bleibe, auf dem Feuer in Sirup verwandelt, das schütze die Liebenden! Ich fühlte mich an diesem Abend aufgehoben und beschützt in der Runde der Zirkusmenschen, ein ruhiges Glück durchflutete mich. Die Formulierung »Ich leihe es dir aus« hakte sich in mir fest. Ein Versprechen. Dass sie nicht gesagt hatte »ich schenke es dir« oder schlimmer, »ich schenke es dir zum Abschied.« Ich werde es dir zurückgeben, irgendwann.

Wir gingen ins Bett und waren so müde, dass wir beinahe sofort einschliefen. Trotz der Müdigkeit hatte sie wie immer, wenn sie den Wohnwagen betrat, das Radio ausgeschaltet und eine CD eingelegt, die schöne Stimme von Maria João erklang, während sie sich umdrehte, ihren Hintern an meinem Bauch drückte, es animierte mich, zuzugreifen und sie zu kneten und sie schob genussvoll dagegen, doch dann ermatteten wir in der Bewegung, ich legte meinen Arm um ihre Schulter und schlief wieder mit der Handvoll Brust ein. Am nächsten Morgen wurden wir verhältnismäßig früh geweckt, durch den Krach des Zeltabbaus und dass einer an ihren Wohnwagen klopfte, »egal«, sagte sie, zog die Gardine vor und fickte mich kurz und hart mit der Hand, während sie gleichzeitig erzählte, dass sie es sehr genossen habe, die Tage hier mit mir und was sie heute alles machen müsse. »Heute fahren wir auf die andere Seite an einen Parkplatz in der Nähe des Hafens, komm doch einfach mit, fahr uns mit dem Auto hinterher, ich weiß nicht genau, wo dieser Parkplatz ist. Wir brechen gegen sechs auf, bis dahin muss ich hier mit anpacken und das Zelt verladen, die Tierwägen putzen und so weiter.« Das alles sagte sie, während sie mich rhythmisch bearbeitete und ich nicht anders konnte als mich ihrer Hand hinzugeben und in dem Moment kam, in dem sie sagte: »putzen«, der Orgasmus war kurz und heftig. Sie küsste mich, sprang aus dem Bett, »ich muss jetzt los, wir sehen uns um sechs hier. Und wenn es früher wird, gib mir doch mal deine Handynummer.«

Da erst realisierte ich, dass wir diese intensiven Tage lang unsere Handynummern noch nicht ausgetauscht hatten. Wir hatten keine Telefone gebraucht. Unsere Begegnungen waren definiert. Eine ging aus der anderen hervor, ohne dass wir hätten telefonieren müssen. Lucía strahlte eine entschiedene Klarheit aus. Es war angenehm, sich ihr hinzugeben und dieser rigorosen Direktheit in den vielen Alltagsdingen zu folgen.

*

Ich fuhr zum Ferienhaus. Während der Fahrt fiel mir ein, dass die Vermieterin nichts von meiner erneut verschobenen Abreise wusste, – aber hatte sie nicht gesagt, es sei erst in drei Wochen wieder vermietet?

Doch machte mich der Gedanke so nervös, dass ich bei der nächsten Bushaltestelle anhielt und sie anrief. Diese Nervosität konnte ich mir kaum erklären. Als ob ich befürchtete, plötzlich ganz ohne eigenen Ort dazustehen und mich vollständig in die Hände von Lucía begeben zu müssen. »Ich war noch gar nicht am Häuschen«, sagte sie, »ich dachte, du bist heute geflogen, gezahlt hast du die Zusatzwoche ja schon. Kein Problem … ist immer noch nicht vermietet.« Und hoffentlich hatte sich die Nachbarin nicht wieder Sorgen gemacht, weil ich so ganz ohne Abschied gegangen war, und nicht – schreckliche Vorstellung! – Bea angerufen. Hatte sie Beas Telefonnummer? Wir waren inzwischen sicher schon fünf- oder sechsmal in diesem Haus gewesen und Bea unterhielt sich oft mit der Nachbarin, viel mehr als ich. O je, Bea. Ich hatte nach dem kurzen Anruf gestern während der Kindervorstellung nicht einmal mehr an sie gedacht.

*

Kurz vor sechs stand ich auf dem Zirkusplatz, die Wohnwagen waren schon an Autos gekoppelt, zwei große altertümliche Lastwagen vorneweg und die Karawane stand abfahrbereit. Ihren kleinen Wagen fand ich nicht oder erkannte ihn nicht, da die Wägen anders standen, ich fühlte mich unsicher, als ich von Wagen zu Wagen stapfte und alle mich anschauten. Die Artisten grüßten mich und einer sagte, Lucía sei am Kiosk. Da stand sie und strahlte mich an, bestellte einen Wein für mich und sagte, »das ist der Abschiedswein von diesem schönen Platz«, stieß mit mir und dem Mann hinter der Theke an und verabschiedete sich wortreich von ihm.

Ich solle mein Auto doch direkt hinter sie setzen, danach kamen noch ein paar der Autos mit Wohnwagen, dann wäre ich nicht ganz am Schluss der Karawane und ginge mit Sicherheit nicht verloren. Sie grinste. Ich stieg in das Auto und bugsierte es in die Nähe ihres Wagens. Es dauerte noch eine ganze Weile, bis wir uns in Bewegung setzten, ich mittendrin. Was für ein Gefühl, Aufbruch, einer hinter dem anderen, für mich ein Aufbruch ins Unbekannte. Ich war berauscht. Sie hupten und schienen alle zu lachen, als es losging. Ein Märchentraum. Genau so musste ich mir das als Sechsjährige vorgestellt haben. Auch wenn ich nur bis zum Parkplatz dabei sein würde, ich gehörte dazu, jetzt in diesem Moment gehörte ich zur Truppe, zu den Fahrenden, zu den Menschen, die keine feste Wohnung besaßen, sondern immer auf Reisen waren. Welch ein Glück! Auch wenn ich es mir nur einbildete, war ich in diesem Moment Teil eines Ganzen und fühlte mich darin aufgehoben, ganz unabhängig von der Leidenschaft, die mich mit Lucía verband.

*

Auch auf dem Parkplatz verschwand das Gefühl nicht und ich wartete auf Lucía. Es dauerte lange, bis sie sich alle verteilt hatten.

»Komm, wir fahren in die Hauptstadt, ich möchte dir ein paar unbekannte Ecken zeigen.«

Die schöne alte Stadt am Meer. Wir saßen am Stadtstrand, die Sonne ging hinter uns über den Bergen unter, und schauten auf den pastellenen

Widerschein im Meer. Es war kühl. Außer uns war niemand dort. Wir begannen, uns zu lieben, halb bekleidet, auf dem Sprung, falls doch noch jemand käme, im Küssen stöhnte sie und bewegte sich wild und zog mir dann doch die Hose ganz hinunter und aus, drückte meine Knie mir auf die Brüste und bewegte sich gierig auf meinen an die Titten gedrückten Beinen, meine Möse starrte weit geöffnet in den dunkler, schließlich grün werdenden Himmel, endlich kam auch ihre Berührung, ihre Finger, ihre Hand, und schließlich ihre Faust und meine gierende Möse sog sie ein, während Lucía sich weiter an mir erregte und zu reden begann: »Weißt du, wie schön es im Sommer auf den Inseln ist? Man kann sich an vielen versteckten Plätzen unter dem Sternenhimmel lieben und dabei Sternschnuppen beobachten, manche wirken, als fallen sie auf dich. Oder du schläfst draußen auf einer Terrasse und siehst Sternschnuppen, die so lange fliegen, dass du deine Freundinnen aus dem Bad holen kannst, und sie sehen sie noch«, ich glaubte ihr in diesen Sekunden alles, was sie erzählte, und hielt ihre Faust fest umschlossen, meine Muskeln bebten leicht, »das Meer ist zahm, du kannst überall schwimmen, an allen Stränden stehen Eiswägen, der Sand wie Samt, die Steine sind fort und es gibt Feste durch die ganze Nacht. In jeder Stadt und in jedem Dorf gibt es Heilige zu feiern. Die heilige Carmen der Fischer an allen Orten am Meer. Die Städte spendieren Wein und Essen. Auf dem kleinsten dieser Feste war ich oft. In der winzigen Weinstadt im Süden sprudelt einen Tag lang Wein aus dem Brunnen vor dem Rathaus«, auch das glaubte ich ihr in diesem Moment, »die Menschen, die vorbeigehen, trinken einen Schluck und mittags feiern sie unten an den Leuchttürmen, die Fischerfamilien der Gegend, es wird an langen Tischen zusammen gegessen, geschützt vor der Sonne von dem Dach, unter dem sonst die Boote stehen, dann tritt ein Livesänger oder eine -sängerin auf, einmal habe auch ich dort gesungen, singt und legt Musik auf und animiert die Gäste zum Tanz auf dem Kiesboden, bunte Fähnchen wehen im Wind, dort ist immer Wind, zuerst tanzen die Kinder, die noch kaum gehen können, und dann tanzen alle und singen und tanzen und tanzen, auch die Badenden kommen hoch und tanzen mit, die Sonne sinkt langsam in den Westen und die Boote schwanken leicht im Wind und tanzen auch. Und in den Nächten ziehen leuchtende und geschmückten Schiffe übers Meer und fahren ihre Heilige Carmen spazieren, die Boote sind übervoll, alle können mit, und dann tanzen und singen und trinken sie auf den Schiffen und die Schiffe taumeln von Strand zu Strand. Die Sommer hier sind ein Traum, ein Traum, ein Traum«, sie begann zu singen und ich schrie in den Abend hinein und die Hitze schoss mir von der Möse in die Nippel und zurück und wieder in die Nippel, ins Gesicht, ich glühte und das Verlangen nach den Sommern im Süden packte mich, während ich in den dunkel gewordenen schwarzgrünen Himmel schaute und schrie, bis ich mich um ihre Faust zusammenzog und öffnete und zusammenzog und sie fast nicht wieder hinausgelassen hätte, und dann erst schloss ich die Augen. Sie streichelte mit ihrer nassen Hand mein Gesicht, der Wind kühlte die Glut und ich war ihr so nah in diesem Moment, dass ich zu weinen begann, sie tröstete mich, »es ist gut, Liebste, meine Liebste, es wird alles gut.« Wir saßen noch eine Weile aneinandergeschmiegt versunken in der Betrachtung des Himmels. Die Welt war verschwunden. Es gab nur noch uns beide und den Sternenhimmel.

Als wir uns losrissen und zurückkehrten in die Welt, war ich traurig. Wir wankten Richtung Stadt und gingen wieder in eine der Bars, die sie kannte, und wieder bestellte sie Unmengen an verschiedenen kleinen Tapas, wir aßen und aßen und redeten und jetzt fragte ich sie nach der Narbe und nach den Eidechsen, die Erinnerungen waren.

Sie erzählte mir, dass sie mit siebzehn mit einem Mann zusammen gewesen sei und ein Kind bekommen habe, einen Sohn. Die Narbe sei eine

Kaiserschnittnarbe. Die Kaiserschnittnarben, die ich bisher gesehen hatte, waren anders gewesen, quer über den Bauch, oberhalb des Venushügels und viel kleiner. Sie habe sich für diese erste Liebe, auch er trage eine ähnliche Drachenfigur, den kleinen Drachen auf den Arm tätowieren lassen. Ich hatte den grünblauen Drachen mit den gelben Streifen bisher für eine Eidechse gehalten. Nachdem das Kind gekommen sei, und sie kurz darauf den Mann verlassen habe, das Kind verlassen habe, sie habe nicht anders gekonnt, habe sie sich, damit sie ihrem Sohn verbunden bliebe, die zweite größere Drachenfigur auf den Bauch tätowieren lassen.

»Wieso musstest du dein Kind verlassen?«

Sie antwortete nicht.

»Sind nicht Tätowierungen auf dem Bauch besonders schmerzhaft?«, fragte ich dann. »Nein«, sagte sie, »ich hätte damals noch viel mehr Schmerz gebraucht.«

»Hast du denn Kontakt zu deinem Sohn?«

»Ja. Am Anfang kaum, die Familie der Schwester seines Vaters, bei der er aufgewachsen ist, war der Meinung, es wäre besser, wenn ich wegbliebe. Aber seit er sechzehn wurde, haben wir Kontakt.«

Aus ihrem Portemonnaie zog sie das Foto eines jungen Mannes, der ihr ähnlich sah, er stand nackt vor einer riesigen Badewanne, aus der ein

Schaumberg schwappte, auch sein Körper war voller Schaum.

»Sehr nett! Der sieht fast aus wie du. Ist das in dem Haus, in dem er aufgewachsen ist? Waren die reich?«, fragte ich.

»Nein, das Foto habe ich gemacht, als er mich besucht hat, im Haus einer Freundin in Madrid.«

Freundin in Madrid! Ich ließ diese Formulierung nicht einsickern, sondern erzählte ihr von meiner Schwester Paula, die auch mit siebzehn ein Kind bekommen hatte, und fragte ich nach ihren Eltern, ihrer Kindheit. Doch wieder sagte sie, das sei nicht interessant genug, es zu erzählen.

Sie nahm meine Hände, zog sie auf die Theke und legte ihre auf meine, senkte jeden ihrer starken Finger einzeln und langsam auf einen meiner Finger. »Schau, unsere Hände sind gleich. Wir sind Schwestern.« Stimmt, auch ich habe recht große Hände.

»Deine Hände sind gefährlich!«, hatte mir Alex einmal gesagt, als wir uns stritten, ich sie fast geschlagen hätte und mich gerade noch zurückhalten konnte.

Sie gab mir nun auch ihre E-Mail-Adresse, betonte aber, dass sie während der Tournee nicht oft ins Internet gehen könne. Nach Madrid komme sie im Mai zurück. Ich traute mich kaum, fragte aber doch: »Hast du vielleicht ein Foto von dir?«

Sie kramte in ihrem Portemonnaie und zog ein zerknittertes Schwarzweißfoto heraus, auf dem eine Gruppe weiblicher Clowns zu sehen war, zwölf Clowns, alle mit grell geschminkten Gesichtern in einem hellen Hemd, nur sie in einem schwarzen, alle streckten die Zunge heraus. Ihr schönes Gesicht! Eine schwarze Augenbraue hochgezogen, schaute sie mich vom Foto an und streckte mir ihre sexy Zunge raus.

»Das war nach einer Aufführung unseres Clownsstückes. Tolle Frauen. Wir waren in ganz Spanien damit unterwegs.«

Am nächsten Morgen fuhren sie sehr früh zum Schiff. Unser Abschied war kurz. Wir verabredeten uns nicht. »Ich mag keine Abschiedszeremonien«, sagte sie, gab mir einen flüchtigen Kuss und verschwand mit einem der Artisten in das Auto, das ihren Wohnwagen zog.

Ich fuhr zu einem Aussichtspunkt und blieb dort, bis ich das Schiff abfahren sah und dann noch eine lange Zeit, bis es hinter dem Horizont Richtung Teide verschwunden war. In einem Roman, dachte ich, wäre ich ihr aufs Schiff gefolgt. Und ich dachte auch, warum habe ich das nicht einfach getan? Wie mich der Junge gefragt hatte, ob ich mitführe, da hätte ich einfach »Ja« sagen sollen. Hätte sich Lucía gefreut? Doch ich stand hier und das Schiff wurde kleiner und kleiner.

*

Meine letzten zwei Tage auf der Insel spielte ich unsere Begegnungen immer wieder durch. Ihr Fehlen war ein körperlicher Schmerz.

Am ersten Abend ging ich in die Bar, in der wir uns kennengelernt hatten. Diesmal war Carlota hinter der Theke. Bea und ich kannten sie schon ein paar Jahre, eine sympathische kräftige Butch. Heute trug sie eine Frisur wie James Dean, ihr kräftiges Haar war eindrucksvoll nach hinten gegelt, eine aufregende Welle über der Stirn, Strähnen blond im Schwarz. Ich plauderte eine Weile mit ihr und war froh, dass sie mich nicht nach Bea fragte. Bein Bezahlen dankte ich ihr pathetisch dafür, dass es diese wunderbare Bar gebe. Sie schaute mich einen Moment lang an, als wäre ich verrückt, dann lachte sie und sagte in ihrer kratzigen Stimme, »und ich danke dir für deinen Besuch, bis bald!«

Ich dachte ausschließlich darüber nach, wie ich Lucía wiedersehen könnte.

Als ich am Samstag früh um sechs das Schiff nach Teneriffa bestieg, kam der zweite Sturm in diesem März. Alle Kinder der Schulklassen, die ihre Tagesausflüge machten, lagen kotzend in den

Sitzen, das Klo stank grausam und war unbetretbar. Ich versuchte, vor dem sich auf dem ganzen Schiff ausbreitenden Gestank nach hinten zu fliehen, wollte raus, aber man durfte natürlich nicht raus, die Wellen waren meterhoch und spritzten auf die Außensitze. Langsam drohte auch mir schlecht zu werden. Ich bin zwar relativ unempfindlich, aber der Gestank und die jedem den Magen umdrehenden schlingernde Bewegung des Fährschiffs schaffte auch mich. Ich torkelte, kämpfte den Drang zu kotzen gerade noch nieder und ließ mich auf einen der am weitesten vom Klo und den Schulklassen entfernten Sitze fallen. Die restlichen Stunden der Fahrt bewegte ich mich nicht mehr, während das riesige Schiff schaukelte und der Sturm das Wasser gegen die Fenster peitschte.

2. Die geschenkten Tage

»LIEBE.« Ich grübelte im Flugzeug über dieses strapazierte Wort nach, das sich in mir mit Lucía zusammen festgesetzt hatte. Was für Gefühle lassen sich »Liebe« nennen? Ich sollte mir das Wort nicht erlauben. Es ist doch nicht »Liebe« zu nennen, eine Frau ein paar Tage lang zu begehren, oder? Bea holte mich ab. Schneematsch fiel vom Himmel. Es war schon dunkel, kein Mond. Dort wäre die Sonne noch da. Die klaren Farben der Insel fehlten mir sofort.

»Wie schön, dass du wieder da bist«, sagte Bea, »und der Tisch ist bestellt«. Wir fuhren zu mir, trugen nur kurz meinen Koffer in den vierten Stock. Bea trug den schweren »Du bis sicher völlig fertig von der langen Reise. Wann musstest du los?«

»Morgens um sechs!«

Wir gingen gleich wieder, zum Spanier ein paar Ecken weiter. Der nasse Matsch durchnässte meine leichten Turnschuhe und ich fror entsetzlich, obwohl ich warm eingepackt war. Bea hatte natürlich darauf bestanden, dass ich die Winterjacke überzog.

Samstag um zehn, das Restaurant voller Leben, bunt und laut. Meist gab es am Samstag auch noch Gitarren-Live-Musik mit spanischen Liedern. Grelle Bilder an den Wänden, deren Haupttöne rot oder leuchtend meerblau waren, eine Meerfarbe, die man auf unserer Insel so gut wie nie zu sehen bekam.

Der ideale Ort zum Ankommen.

Bea bestellte gleich eine Flasche des teuren Rioja. Die Kellnerin goss ein, ließ sie probieren. Sie nickte.

»Jetzt lass uns erst mal darauf anstoßen, dass du wieder da bist.«

Wir stießen an. Ich vergaß, dass ich hätte trinken müssen und stellte das Glas ab.

»Du musst aber auch trinken!«, sagte Bea und ich nahm einen winzigen Schluck. »Und mir in die Augen schauen beim Anstoßen!« Hatte ich das nicht getan?

»Und erzähl, wie war es? Du siehst gut erholt aus.«

»Hast du Sabine angerufen?« Sabine hieß meine Chefin. Sie war so alt wie ich. »Sabine« gab es oft in unserem Alter. In meiner Schulklasse hatte ich kurz nacheinander zwei engste Freundinnen namens Sabine. Die eine war ziemlich traurig, als ich sie wegen der anderen, für die ich lange geschwärmt und mich lange vergeblich um sie bemüht hatte, vernachlässigte. Wieso kam ich jetzt auf diese beiden Freundinnen? Ich bin meiner Mutter dankbar, dass sie uns, meinen Schwestern und mir, so einfache klassische Namen gegeben hat, Anna, Paula, Martha. Obwohl Martha, die Jüngste, ihren Namen lange nicht mochte. Sonst dachte ich bei Sabine, meiner Chefin, doch auch nie an meine Schulzeit und an diese Sabines aus dem Gymnasium! Miriam verlor ich schon früher aus den Augen, als ich aufs Gymnasium wechselte und sie noch einmal sitzenblieb und auf eine »Sonderschule« sollte. Ich vermisste sie in den ersten Jahren im Gymnasium sehr.

»Natürlich habe ich Sabine angerufen. Sie meinte, dann müsstest du aber, sobald du zurück wärest, doppelt arbeiten, denn der Druckunterlagenschluss für die nächste Nummer stünde an und sie hätte noch lange nicht genügend Anzeigenzusagen.«

»Klar«, sagte ich, »will ja wohl den Job behalten«, so schlecht war er nicht trotz der dauerdruckausübenden Sabine. »Schaff ich schon, bin energiegeladen!«

Obwohl ich sie manchmal hasste, mochte ich Sabine auch. Ist schon schwer zu überleben mit einer avandgardistischen Literaturzeitschrift und modern gestalteten Lyrikbänden in Miniauflagen. Die Zeitschrift verkaufte sich jedoch inzwischen so gut, dass es schon seit Langem kein Hobby mehr für sie war wie anfangs. Damals arbeitete sie noch als Lehrbeauftragte an der Hochschule für Medien,

Kommunikation und Wirtschaft, gab Kurse in Grafikdesign. Sobald es einigermaßen ging, quittierte sie den Job. Wenn sie zu den Studenten so gewesen war wie zu mir oder ihren Praktikantinnen, mal explodierte, dann wieder nett war, und immer sehr ungeduldig, wenn sie etwas erklären musste, dann war sie sicher keine gute Dozentin gewesen.

Ich war wieder hier. Die Welt auf der Insel, Lucía, schon jetzt ein Traum.

»Nun erzähl doch, die Arbeit kommt Montag erst wieder dran, gibt's denn gar nichts zu erzählen!«, fragte Bea. Ich trank einen größeren Schluck Rotwein.

»Lass uns bestellen. Ich habe Hunger.«

Es schien mir schwerzufallen, auch nur etwas Harmloses zu erzählen. Alles was ich erzählen wollte, war Lucía und noch mal Lucía, aber das konnte ich nicht erzählen.

Ich studierte die bekannte Tapaskarte, sie hatten immer dasselbe, aber das war gut. Wir bestellten vier verschiedenen Tapas.

Ich war so hungrig, dass ich mich noch zu einigen weiteren hinreißen lassen wollte, aber Bea, die Vernünftige, bremste. »Wir können ja noch nachbestellen, wenn es nicht reicht.«

Unvernünftig war sie nur bei ihrem Alkoholkonsum. Sonst war sie übervernünftig. Sie achtete auf gesundes Essen und ausreichend Bewegung, pflegte sich täglich, cremte sich überall ein, alles an ihr war weich, ihre ganze Haut, sogar ihre Füße. An meinem Körper gab es außer den Brüsten nicht viel Weiches, ich war schmaler, kantiger und eckiger als Bea. Im Vergleich zu meinen derben Füßen waren ihre Samtfüße. Was ich oft genossen hatte. Ihre Füße zu streicheln, oder wie sie mich mit ihren Füßen streichelte. Aber jetzt daran zu denken, dass sie mich berühren würden, war mir unangenehm. Ich wollte nicht über Bea und mich nachdenken, ich wollte, dass wir einen netten entspannten Abend hätten und trank nun selber kräftig mit. Es stimmte wirklich, wenn ich alleine war, trank ich weit mehr als mit Bea – das war wohl meine »pädagogische« Ader. Oder Besserwisserei. Ach Bea! Sie konnte auch zauberhaft sein. Wenn sie lachte. Doch wenn sie zu viel trank, wurde sie unerträglich.

Als das Essen auf dem Tisch stand und ich gefragt, was ich hier in Berlin so verpasst hätte, und sie berichtet hatte, dass nichts Aufregendes passiert sei, sagte sie, »jetzt bist du aber mit Erzählen dran!«

»Das vom Schiff«, wir waren noch nie zusammen mit einem Schiff gefahren, »möchte ich dir besser nicht im Detail erzählen. Es gab wieder Sturm und sehr hohe Wellen. Und eine Horde Schulkinder auf dem Schiff …«

»Oh, das kann ich mir vorstellen. Und wie ist es dir ergangen?«

»Ich hab's überstanden.«

Dann erzählte ich noch, dass das Wetter die ganze Zeit über nicht gerade gut gewesen sei. Es sogar oft mal kurz geregnet habe, »und Regen auf den Inseln, du weißt schon ...«

»Das sieht man, sonderlich braun bist du nicht. Aber das ist auch besser für die Haut! Du gehst ja sonst immer viel zu viel in die Sonne. Und was hast du so gemacht statt Baden? Und hast du Carlota mal getroffen? Und María?«

»Ja, Carlota habe ich ein paarmal gesehen, an ihren Bartagen. María habe ich diesmal nicht angerufen. Ich war einfach nur faul, hat mir auch mal gut getan. Von dem Unwetter und dem davongeflogenen Dach habe ich dir ja schon am Telefon erzählt. Das war eigentlich das Aufregendste an diesem Urlaub. Und Doña Rosaura hat nach dir gefragt, natürlich soll ich dich grüßen.« Doña Rosaura, die besorgte spanische Nachbarin beim Ferienhaus. Hoffentlich würde sie nicht das nächste Mal, wenn wir zusammen dort wären, was von den Nächten erwähnen. Sie merkte sich viel. »Das nächste Mal«, ich fragte mich den Bruchteil einer Sekunde lang, ob ich wirklich noch einmal mit Bea dorthin fahren könnte. Aber sicher würde ich! Wir haben eine stabile Beziehung, ich werde sie doch nicht aufs Spiel setzen. Aber ich möchte zu Lucía, mein Körper brannte vor Sehnsucht. Wie viele

Tapas sie immer bestellt hatte, nicht abgezählt, nicht vernünftig, nein Lucía war uferlos. Ich fühlte mich ihr verwandt. Und sie war so erfrischend derb. Wie sie mich anpackte! Ich dachte kurz an den Sex mit Bea. Sex war nicht mehr sonderlich wichtig zwischen uns. Hoffentlich würde sie nicht ausgerechnet heute auf die Idee kommen.

»Ich werde mal wieder was kochen für uns«, sagte Bea gerade. Sie kochte gerne und abwechslungsreich. Konnte sich sogar ausgiebig mit Kochbüchern beschäftigen und sah manchmal Kochsendungen im Fernsehen. »So etwas würde ich mir nie anschauen«, nörgelte ich dann und verließ demonstrativ das Sofa und ging aus dem Zimmer, um demonstrativ in Beas oder meinem Arbeitszimmer den PC hochzufahren. Oder ich machte mich lustig über sie und über alles, was im Fernsehen gesagt wurde. Sie nahm mir das Lästern nur dann nicht übel, wenn sie gut drauf war und nicht zu viel getrunken hatte. Wenn sie längere Zeit zu viel trank – nicht an einem Abend wie jetzt, aber es gab Phasen, in denen sie jeden Tag ziemlich viel in sich hineinkippte – verfiel sie in Depressionen und geriet manchmal fast an die Grenze eines Verfolgungswahns. Irgendwer spielte ihr dann ihrer Meinung nach bewusst übel mit, der böse Arbeitskollege, ich, meine Bekannten, alle. Was denke ich nur? Ich schaute sie an. »Gerne. Ich freu mich darauf, wenn du was kochst!«

Ihre Essen waren wirklich gut. Ich dagegen kochte immer das Gleiche in Varianten. Kochbücher und exakte Vorbereitung waren mir zu aufwendig.

Dass sie jetzt, nachdem wir unsere vier Tapas vertilgt hatten, vom Essen sprach, schien mir zu bedeuten, dass auch sie noch nicht ganz satt war.

»Sollen wir noch eine Sache bestellen?«, fragte ich.

»Ja, wenn du noch Hunger hast. Ich bin satt. Aber wir können noch ein Glas Wein bestellen.« Die Flasche war leer. Wir bestellten noch zwei Gläser Wein und ich eine Tapa mit Krebsschwänzen und Aioli.

»Das ist doch Kunstfleisch!«, meinte sie

»Schmeckt aber gut!«, sagte ich in trotzigem Ton.

»Ist ja ok, wenn du das magst. Ich habe sowieso keinen Hunger mehr. Komm, jetzt erzähl weiter, was hast du so an den Abenden gemacht? Du hast doch sicher nicht immer nur im Häuschen Krimis gelesen … «

Und da konnte ich nicht anders, ich erzählte ihr von meinem Zirkusbesuch.

Wenigstens das.

*

Wir gingen zusammen zu mir. In meiner Wohnung angekommen, waren wir beide vom schweren Rotwein so müde, dass wir schnell einschliefen. Ich schlief gut mit ihr. Sie schlief ruhig. Ich hörte sie manchmal kaum atmen. Einmal, als sie am Abend zuvor ziemlich schlecht drauf war, fühlte ich ängstlich, ob sie überhaupt atmete. Natürlich atmete sie. Sie roch angenehm und nicht aufdringlich. Sie wälzte sich nicht wie ich, sondern wachte oft in derselben Haltung auf, in der sie eingeschlafen war. All das wurde mir im Einschlafen bewusst und ich dachte an Lucía. An Lucías Schweißgeruch.

Am Sonntag schliefen wir lange. Bea ist Frühaufsteherin, lange heißt für sie bis neun.

Ich erinnere mich noch, wie mir Bea in der Zeit, als wir zusammenkamen, von ihrer vorherigen Freundin erzählt hatte, sie berichtete in leicht abschätzigem Ton, dass diese immer so endlos lange geschlafen habe, während sie zur Arbeit musste. Endlos lange hieß bis zehn. Die erste Zeit bemühte ich mich deshalb, mit ihr aufzustehen und tat so, als wäre das für mich selbstverständlich, früh um sieben Kaffee mit ihr zu trinken. Sie arbeitete, als wir uns kennenlernten, in der Verwaltung eines großen Versandhauses und musste um halb acht dasein. Später bekam sie den Job als Buchhändlerin, in dem sie heute noch arbeitet, in einer Buchhandlung, in der sie erst um zehn anfangen konnte. Eine Weile lang schaffte sie es sogar, länger zu schlafen. In unserer glücklichsten Zeit hatten wir einen für uns beide angenehmen Mittelweg des Zusammenaufstehens gefunden. Inzwischen schlief jede, solange sie wollte und ging ins Bett, wann sie wollte, schon lange kaum mal mehr zur selben Zeit, egal ob wir bei mir oder bei ihr waren. Wir lebten nicht zusammen, doch oft war sie tagelang bei mir, da meine Wohnung größer war. Eine Weile, als sie auf Wohnungssuche war, lebte sie mit in meiner Wohnung. Bei ihr war ich kaum einmal länger als eine Nacht, meist, wenn sie kochte und mich zum Essen bei sich einlud. Unser Zusammensein funktionierte im Prinzip gut, bis auf die Streitereien um nichts, die jedes Paar kennt.

Auch an diesem Sonntag schlüpfte sie wie üblich gegen neun leise aus dem Bett, während ich mich umdrehte und noch zwei, drei Stunden weiterschlief. Im Erwachen konnte ich es nicht mehr aushalten und rieb mich zum Höhepunkt, sah Lucía vor mir, ihre weiße Haut unter der Eidechse auf dem Bauch, sie blieb eine Eidechse für mich, auch wenn sie ein Drache war, die bebenden Pünktchen im Nacken, die ich jedes Mal beim Aufwachen gesehen hatte, die deutlichen Schulterblätter wie kleine Engelsflügel, die Perlenkette der Wirbel, ihr schöner Rücken am Morgen, bevor sie sich zu mir umdrehte, sich aus sich selbst herauslöste. Ihre Lippen, ihre dunklen Augen, ihre Muskeln, wenn sie mich fickte, ihre rasende Art. Ich drückte mir die Decke ins Gesicht als ich kam, denn ich musste schreien und konnte es nicht verschlucken und hoffte, dass mich Bea nicht hörte.

Dann stand ich auf, ging in das Arbeitszimmer, fing an, auszupacken, o je, dachte ich, ich habe nicht einmal eine Kleinigkeit für Bea mitgebracht, obwohl mir in den ersten zwei Wochen sogar etwas ins Auge gefallen war, von dem ich annahm, das könnte etwas für Bea sein. Eine gläserne Zitronenpresse. Bea beklagte sich immer, dass man alles nur noch aus Plastik kaufen könne. Die letzten Tage hatte ich nicht an Bea gedacht, und schon gar nicht daran, Mitbringsel zu besorgen. Mist, dachte ich jetzt und fuhr den Laptop hoch, Bea rief aus der Küche, ob ich keinen Kaffee wolle, »doch«, rief ich zurück, »ich komme gleich.« Aber zuerst musste ich nach E-Mails schauen.

Keine Mail von Lucía. Aber sie war ja gerade mal einen Tag auf Gran Canaria, sie mussten sich dort nach Ankunft Samstagabend sicher noch einrichten, das Zelt aufbauen, dann die Vorstellungen am Sonntag – aber Montag hätte sie vielleicht keine Vorstellungen. Vielleicht würde sie morgen Zeit finden, ein Internetcafé aufzusuchen. Sollte ich ihr mailen? Ich wollte nicht zu aufdringlich erscheinen.

Vielleicht war es für sie mit der Abreise beendet. Vielleicht warte ich noch. Es fiel mir schwer.

Bea rief, »der Kaffee wird kalt«, ich ging zu ihr in die Küche, wir setzten uns an den Tisch in dem schmalen Schlauch meiner Küche, sie hatte sogar Croissants bei einem Sonntags offenen Bäcker besorgt. Ich esse morgens nichts. Sie weiß das. Aber sie versucht immer wieder, mich zu einem Frühstück zu bewegen, wenigstens an den späten Vormittagen an Sonntagen. Ihr zuliebe nahm ich eins.

»Ich geh dann mal, du möchtest sicher in Ruhe auspacken«, sagte sie schließlich. »Obwohl ich große Lust auf ein Scrabble hätte …«

»Ach, ein Scrabble können wir schon noch spielen«, sagte ich, holte das Spiel und verlor haushoch. Dann verabschiedete sie sich, »sehen wir uns am Dienstag?«

»Ja gerne«, antwortete ich. Ach, Bea, dachte ich schon wieder.

Ich winkte ihr, obwohl sie mir einmal erzählt hatte, dass sie in ihrer vorletzten Beziehung mit einer Frau mit Kindern zusammen gewesen war, die immer, wenn sie ziemlich früh zu ihrem Versandhausjob ging, mit den Kindern am Fenster stand und alle ihr hinterherwinkten und sie das Bild der winkenden Kleinfamilie immer nur komisch empfunden habe. Doch sie habe jedes Mal zurückgewinkt und sich immer, bevor sie um die Ecke entschwand, noch ein letztes Mal zur winkenden Familie umgedreht.

Sie winkte auch mir zurück. Als sie aus meinem Blick entschwunden war, setzte ich mich aufs Sofa und begann, das spanische Buch zu lesen.

*

Am Montag fuhr ich in das kleine Büro neben der Wohnung der Chefin. Sie hielt sich nicht lange damit auf, mich über meinen Urlaub oder den Sturm auszufragen, sondern sagte kurz, »ich bin im Stress, du weißt schon, bin an der Textzusammenstellung für die nächste Ausgabe, sieh zu, dass du noch was heranschaffst.« Es gab eine neue Praktikantin, die Verteilerlisten anders anlegen sollte. Sabine erklärte gerade in gereiztem Ton. Ich versuchte nicht hinzuhören und begann, die Liste potentieller Anzeigenkunden durchzutelefonieren, zwischendurch schaute ich immer wieder begierig in meine E-Mails. Aufgeputscht, wie ich noch war, entwickelte ich wohl verführerische Überzeugungskraft und hatte Glück. Ich erhielt an einem Arbeitstag fünf Zusagen, was verhältnismäßig viel war. Ich verschickte Auftragsbestätigungen und gab mir die Termine ein, wann ich die Kunden an die Abgabe erinnern musste. Keine E-Mail von Lucía. Sollte ich ihr jetzt eine schicken? Ich nahm mir die Seiten mit den Kleinanzeigen vor. Wie viele selbsternannte Schriftsteller wieder Schreibkurse anboten. Und schlimmer noch die, die einen Literaturpreis ausschrieben, 1. Preis 500 Euro, 2. und 3. Preise Buchgutscheine, Einreichungsgebühr 30 Euro. Erfahrungsgemäß reichten viele Schreibsüchtige ein. Was für eine hohe Gewinnmarge! Dass Sabine solche Anzeigen überhaupt zuließ. Aber sie brauchte das Geld, auch das für die Kleinanzeigen. Jedes Mal juckte es mich, einen Druckfehler einzubauen und eine Null mehr oder weniger anzuhängen. Preis 5000 Euro. 3 Euro Einreichgebühr. Aber wahrscheinlich konnte der Preisstifter nachweisen, dass er in seiner E-Mail 500/30 geschrieben hatte. Noch immer keine E-Mail von Lucía. Wie lange dieser Tag dauerte.

Nach der Arbeit musste ich zwei Waschmaschinen durchlaufen lassen. Als ich die letzte Wäsche aufhängte, klingelte mein Handy. Mein Herz klopfte, atemlos hob ich ab, war es vielleicht Lucía? Doch es war nicht Lucía, es war Bea, die fragte, wie mein erster Arbeitstag gewesen sei, ob ich gut angekommen sei, und dann schlug sie vor, dass wir uns doch heute noch treffen könnten und nicht erst morgen. Ich sei ja durch diese Unwetter so lange fort gewesen, fast vier Wochen lang. Ich sagte zu und fügte an, »vielleicht könnten wir mal wieder ins Kino gehen, schau doch mal, was es so gibt. Ich war ja ewig nicht im Kino.« Etwas Abstand zu meinem PC würde vielleicht ein Wunder bewirken, so hoffte ich, vielleicht würde, wenn ich nicht alle fünf Minuten hineinschaute, eine Mail ankommen.

Wir sahen uns »Der Vorleser« an.

Ich konnte mich nicht konzentrieren. Was wohl Lucía gerade machte. Kannte sie den Ort schon, an dem der Zirkus gastierte? Kannte sie dort genauso viele Bars? Trank sie gerade mit irgendeiner schönen Barfrau, die sie auch schon ewig kannte, und wer weiß, als ehemalige Liebhaberin, wärmten sie die Vergangenheit auf? War ich nur eine kurze Episode, das »Geschenk« für ein paar Tage? Oder lud sie gerade die schöne kubanische Artistin, Malena, in ihren Wohnwagen ein? Doch die war nicht lesbisch, sondern mit einem der anderen Artisten zusammen. Aber was sagte das schon.

Nach dem Kino, als ich über die Formulierungen der Mail nachdachte, die ich vielleicht jetzt doch schreiben würde – ich wollte etwas Unverfängliches über mein Vergnügen an der Coelho-Lektüre einflechten, sagte Bea: »Ich komm mit zu dir. Oder möchtest du lieber alleine schlafen?«

»Nein. Komm doch mit … ich schlafe doch so gut an deiner Seite. Aber ich muss dringend noch was arbeiten. Wenn dir das nichts ausmacht …«

»Nein, mach du nur.«

Bei mir angekommen, fragte sie, ob ich ein Bier habe oder einen offenen Wein, sie sei noch nicht müde, sie würde ein bisschen Tagesthemen oder was auch immer käme gucken, keinen Film, darauf hätte sie nach dem Kino keine Lust mehr.

»Und dann trinke ich auch wieder die ganz Woche nichts, aber jetzt habe ich Lust darauf. Übrigens habe ich die Zeit, als du weg warst, sehr gesund gelebt. Keinen Alkohol getrunken. Und ich habe was Neues entdeckt zu kochen, das wird dir schmecken. Mach ich uns am Wochenende!«

Bea geht doch sonst immer spätestens um elf ins Bett! Ich gab ihr die Flasche mit dem offenen Wein. Hatte mir zu meiner Coelho-auf-Spanisch-Lektüre eine der spanischen Weinflaschen aus meinem Vorrat geöffnet. Sie fragte dann doch in leicht beleidigtem Ton, ob ich denn wirklich jetzt noch arbeiten müsse, ob ich nicht lieber ein Glas mit ihr trinken wolle. Ich sagte, »ich muss nur kurz die E-Mails erledigen«, und ging ins Arbeitszimmer an meinen Laptop. Er war noch hochgefahren. Ich öffnete den Outlookordner und da war die Mail von Lucía! Mein Herz raste. Die Hitze schoss in mich. Mein Bewusstsein, dass ich hier, in meinem Arbeitszimmer, in meiner Wohnung war, dass Bea im Nebenzimmer vor dem Fernseher saß, schwand, mir wurde schwindelig, ich war sofort im Wohnwagen, in der schwarzen Bettwäsche.

Lucía schrieb überraschend abstrakt-poetisch, etwas gestelzt: »Ich habe dich in jedem Moment an mir, in mir, um mich herum gespürt, habe das »wir« gespürt, habe nach dir gesucht, in einem Moment dachte ich, du klopftest an den Wohnwagen. Doch ich fange langsam an zu akzeptieren, dass »wir« verschwunden sind. Gut ist es zu fühlen, dass das, was ich will, dass du, dass wir zusammen an einem anderen Ort wieder auftauchen werden. Ich glaube, mit dir noch vieles austauschen zu können, von dem ich noch nichts ahne. Ich weiß nicht, ob jemand deine E-Mails mitliest. Darum unterdrücke ich mein Begehren, dir von bestimmten Dingen zu schreiben, die mir durch den Kopf gehen, du wirst wissen, welche ich meine und dass sie unserer Intimität angehören. Du hast einmal gesagt, dass du eine Spanischlehrerin brauchst. Ich akzeptiere und bin verzaubert von der Idee, dir etwas beizubringen! Und eines Tages wirst du Navarra und Cervantes lesen. Doch wie machen wir es? ... Wir werden sehen, was mit uns passiert. Eine heftige Umarmung!«

Ich antwortete umgehend. Mailte, dass niemand außer mir meine Mails lesen könne. Dass Hitze und Saft in mich geschossen seien, als ich nur ihren Namen in meinem Outlook-Posteingang gelesen habe, dass ich mich fühlte, als sei ich krank vor Lust und Sehnsucht nach ihrer Nähe. Dass ich sterben würde vor Hunger auf sie, dass ich sie am liebsten jetzt sofort und ganz und gar essen würde. Dass es Schmerz sei, dass aber der Schmerz mich davontragen würde in die Lust, die ich doch für sie aufheben wolle.

Sie schien noch im Internet zu sein, sie antwortete ein paar Sekunden später. »Es ist Unsinn, Lust aufzubewahren. Sparen, aufheben, das ist eine verrückte kapitalistische Moral, nein, tu es, lass die Zügel locker, lass den Begierden freien Lauf, es ist nicht gut, irgendetwas zu unterdrücken. Ich schicke dir viele saftige Küsse! Und meine Zunge! Platziere sie dir an alle Stellen deines Körpers, an denen du sie magst, dass du dich treiben lassen kannst, wohin es dich gelüstet ... Zusammen werden wir noch unerhoffte Höhen erotisch-sexueller Lust erkunden können ...«

Drei Minuten später die Mail, »und, hast du mich spüren können, ich habe inbrünstig an dich gedacht!«

Ja, ich spürte sie, ich fühlte ihre Arme um mich, ihre Hände in mir, überall, als sei sie vielfach bei mir, mit vielen Armen, Händen, vielen Brüsten, den scharfen Hüftknochen und ihrer von wildem schwarzem Haar umrahmten Möse über mir ... »überall an und in mir bist du gewesen«, mailte ich zurück.

Ich vergaß die Zeit.

Ich mailte ihr, dass Lust aufzuheben für mich nicht bedeuten würde, etwas zu unterdrücken, sondern im Gegenteil, eine Empfindung zu verlängern und zu intensivieren. Dass mir das ermögliche, an Grenzen der Körperlichkeit zu gelangen und darüber hinaus zu gehen, es ginge ja nicht allein um schnelle Orgasmen.

»Das sind Geheimnisse«, schrieb sie zurück. »die musst du mir einmal offenbaren. Ich weiß nicht, ob ich meinen Körper verlassen kann.«

Wir mailten uns, bis ihr Internetcafé schloss.

Bea war auf dem Sofa eingeschlafen. Ich weckte sie, wir gingen ins Bett, sie kuschelte sich an mich, ihr Körper ist rund, anders als der Lucías, sie hat große nachgiebige Brüste, in die ich mich früher gerne vergraben hatte, einen federweichen Bauch, ihre Haut schmeckt süß. Sie streichelte mich, sagte, »da wir uns doch so lange nicht gesehen haben, eigentlich wollte ich schon Sonntag endlich einmal wieder mit dir Sex haben, aber da haben wir zu viel Wein getrunken, aber jetzt …«, ihre Berührungen waren wie immer fast nicht vorhanden und doch schaffte sie es beharrlich auch jetzt wie jedes Mal, auch wenn wir es immer seltener gemacht hatten, mich zu erregen. Ich konnte es nicht abwenden. Meine durch den Mailwechsel mit Lucía erzeugte und kaum mehr aushaltbare gierige Erregung, die noch immer an Schmerz grenzte und die ich exklusiv für Lucía aufheben wollte, auch wenn sie es für Unsinn erklärt hatte – aber wann würde ich sie wiedersehen? – wurde in einem langsam kommenden zarten aber nicht zu stoppenden Orgasmus erlöst, und natürlich war mir Lucía vor Augen, während Bea flüsterte, »ich habe mir heute schon ausgemalt, wie wir es machen werden« – Bea malte sich vorher alles genau aus, ob es Reisen waren oder Sex oder ein Essen oder ein neues PC-Programm, sie tagträumte und war oft enttäuscht darüber, dass alles anders wurde. Aber manchmal passierten die Dinge genau so wie in ihrer Imagination, und dann war sie wirklich glücklich, und ich auch, denn Glück ist ansteckend. Ich sagte nach dem Orgasmus, ich sei müde, aber sie streichelte leise weiter – gut, dass sie sich für heute Nacht nicht Sex mit Dildo ausgemalt hatte, was wir ab und an gerne machten – und ich dachte wieder an Lucía, als ich noch einmal kam, und Bea war glücklich, dass ich zweimal gekommen war. »Na siehst du, so müde warst du nun auch wieder nicht!« Wir schliefen gut, standen gemeinsam auf und Bea erneuerte ihre Wochenendeinladung zum Essen.

»Wahrscheinlich koche ich Sonntag. Und anschließend spielen wir Scrabble und schauen Tatort.«

*

Die Woche verging überraschend schnell. Ich hatte befürchtet, dass die Zeit in meiner Sehnsucht nach Lucía quälend langsam voranschritte.

Wie viel war passiert in wenigen Tagen der vorigen Woche. Es erschien mir, als seien die Tage mit Lucía eine Epoche meines Lebens gewesen.

Den Roman von Coelho hatte ich wirklich gut lesen können. Ich besorgte mir weitere Romane in der spanischen Buchhandlung und mailte ihr einige bemüht kluge Sätze zu meinen Lektüren. Sie antwortete erst am Freitag, am frühen Abend, zwischen den Vorstellungen. Jede Nacht schlief ich mit der Fantasie ein, sie sei da. Und bevor ich einschlief, onanierte ich kurz und heftig, ließ sie mir den Höhepunkt besorgen, ihre harte Hand fickte schnell, einmal nahm sie einen Holzdildo, wie ich auf den Holzdildo kam, weiß ich nicht, doch er erregte mich sehr. Sie hatte mir erzählt, dass sie bisher nicht mit Sexspielzeugen Sex gemacht habe.

*

Bea rief an und sagte, sie würde doch schon Samstags kochen wollen, sie habe Zutaten, die müsse sie schnell verbrauchen. Ich kam Samstagnachmittag und blieb bis Montag.

Erst einmal meckerte ich: »Musst du denn unbedingt immer die Rollos herunterlassen? Es ist so düster hier. Du weißt doch, ich brauche Licht. Und so kalt ist es auch wieder nicht, dass du nicht mal lüften kannst, wenn du kochst! Der Essensdunst steht in der Wohnung!«

Bea war gut gelaunt, weil ihr das Essen perfekt gelungen war, und ließ sich nicht zu einem Streit provozieren. Sie sagte nur »da sind Viecher reingekommen, als ich gekocht habe. Und mich blendet diese helle Märzsonne! Und du bist doch jetzt bei mir zu Gast! Akzeptier doch einfach, wie es ist … wenn ich dich besuche, explodierst du immer gleich, wenn ich mal sage, dass du dauernd überall Licht brennen lässt und so was …« Ich zog trotzdem die Rollos hoch. Sie lachte und zog sie wieder runter, zur Hälfte.

»Ok«, sagte ich, »dann eben Kompromiss.«

Danach wurde es ein erstaunlich entspanntes, fernsehreiches Wochenende.

Nur einmal ging ich in meine Mails und antwortete kurz und innig auf eine Mail von Lucía. Und ich fragte sie, wie lange der Zirkus noch auf Gran Canaria sei.

Und wo dort genau.

Am Wochenende darauf sollte in einer Kleinstadt ein internationales Lyrikfestival stattfinden, auf dem Sabine ihre Zeitschrift präsentieren wollte. Als ich mit Bea einen Dschungelhorrorfilm sah, in dem sich eine Frau – auf die ich als Täterin nicht gekommen wäre – an einer Gruppe Urlauber rächte, weil zwei davon schuld am Unfalltod ihres Bruders waren, ein Film, der es schaffte, sogar mich kurze Zeit lang von den Gedanken an Lucía abzulenken, kam mir aus dieser Muße heraus eine Idee. Nach dem Film war ich nahezu euphorisch. Bea spürte das. »Dir hat der Film wohl sehr gefallen?«

»Ich fand ihn wirklich spannend – war zwar keine anspruchsvolle Filmkunst, aber im Vergleich zum sonstigen miesen Samstagabendprogramm doch echt spannend, oder? Hat mich abgelenkt von Stressgedanken an Job und so. Wie fandest du ihn denn?« Bea fand den Film auch gut. War schon daran zu merken, dass sie nicht eingedöst war oder dauernd Kommentare abgegeben hatte. Wir zappten noch eine Weile herum, fanden nichts Anschaubares mehr und gingen schlafen.

Ich konnte lange nicht einschlafen, trotz Beas beruhigendem gleichmäßigen Atem neben mir. Der Sonntag verging mit Scrabble, einem langen Spaziergang und einem kurzen Besuch beim Türken um die Ecke, denn die Reste ihres tollen Essens hatte sie bereits Samstagabend zwischen Tagesthemen und Dschungelfilm vertilgt. Wenn sie selbst kochte, konnte Bea auch mal über die Stränge schlagen und viel mehr essen als zu ihrer Gesundheitsmoral passte. Während sie sich alles auf den Teller schaufelte, fragte sie mich, ob ich eigentlich auch noch was wolle, ich bemerkte, »iss du nur. Eine starke große Frau braucht das!« Sie lachte, »du meinst wohl: eine dicke fette Frau«, und aß mit Vergnügen, so wie der gesamte Abend vergnüglich war.

Am Sonntag wagte ich es nicht, im PC nach Angeboten zu suchen. Doch ich schickte Lucía eine Mail. Fuhr den PC aber sofort wieder herunter, weil ich keine Bemerkungen von Bea riskieren wollte. Ich hatte ihr beim Aufstehen versprochen, diesen Sonntag wirklich auszuspannen und nicht dauernd am PC zu hängen und E-Mails zu erledigen.

Ich mailte Lucía: »Fändest du es völlig verrückt, wenn ich nach einem Billigflug Ausschau halten würde und dich für ein, zwei Tage besuchen komme?« Ich mailte noch viel mehr, erzählte von dem Lyrikfestival, von dem Film, den ich kürzlich mit Bea angeschaut hatte und von der Lindenblüte im Juni, auf die ich mich schon jetzt freuen würde, sodass diese Frage fast unterging.

In der Nacht auf Montag schlief ich vor Aufregung kaum. Bea wachte einmal auf und spürte, dass ich nicht schlief, drehte sich schläfrig zu mir um und fragte, »was ist denn los?«

»Ach nichts, ich kann manchmal nicht einschlafen, das kennst du doch schon, und wenn ich dann über den toten Punkt bin …« Sie rückte an mich heran, sagte, »ich geb dir ein bisschen Schlafwärme ab« und schlief ruhig weiter.

*

Im Büro angekommen, checkte ich die Mails. Noch keine Antwort von Lucía. Ich suchte trotzdem die Last-Minute-Kurztrips, und tatsächlich, ich fand ein langes Wochenende Gran Canaria.

Vorsichtshalber informierte ich Sabine. Ich erzählte ihr nichts Genaues, so nah waren wir uns nicht, aber ich wusste, dass sie selbst komplizierte Zwei- und Dreifachbeziehungen managte und meiner Bitte nachkommen würde. Ich war mir ziemlich sicher, dass Bea nicht misstrauisch werden und nachfragen würde. Es ist schon eigenartig gewesen, Bea konnte sich garstig behandelt und bösartig verfolgt fühlen, wenn nichts passiert war, aber jetzt, wo ich wirklich böse zu ihr war, fühlte sie sich nicht schlecht behandelt. Aber was heißt schon »böse«? Vielleicht war es besser für sie, so wie ich damit umging. Trotzdem bat ich Sabine zu bestätigen, dass ich mit ihr auf das Lyrikfestival fahren müsste – für den Fall, dass Bea doch auf die Idee käme nachzufragen. Sabine grinste anzüglich und sagte, »klar, bestätige ich das. Aber warum sollte sie nachfragen? Du musstest ja öfter schon mal mit zu Veranstaltungen … und überhaupt, eigentlich dachte ich, du fährst wirklich mit und betreust den Büchertisch. Ich finde, es sieht nicht gut aus, wenn ich das nach der Präsentation selber mache. Weshalb darf sie es denn nicht wissen? Muss es unbedingt dieses Wochenende sein, dass du irgendwelchen obskuren Vergnügungen nachgehst!?«

Ich überzeugte Sabine, dass ich keinen anderen Termin finden würde. Und dass das Lyrikfestival ja erfahrungsgemäß nicht so gut besucht wäre, dass der Büchertisch nicht auch ohne Aufsicht funktionieren könnte. Sie müsse nur einen Zettel schreiben, auf dem der Verkaufspreis angegeben war und ein Hinweis, sich zum Bezahlen an die Referentin zu wenden.

Ich buchte das Angebot. Ein langes Wochenende, Freitag bis Montag, drei Nächte auf Gran Canaria in einem Billighotel, das war günstiger als nur Flüge zu buchen.

Am Nachmittag kam Lucías Antwort. Sie mailte etwas von davonfliegenden Lüsten und ob sie es richtig aus meiner Mail herausgelesen und richtig verstanden habe, dass ich sie fragte, ob wir uns bald sehen könnten?

Mein Spanisch war wirklich nicht immer verständlich. »Ja«, antwortete ich, »am kommenden Wochenende! Da könnte ich einen super billigen Flug buchen.« Ich mailte nicht, dass ich ihn bereits gebucht hatte.

Da ich wieder einmal alle fünf Minuten nach meinen Mails geschaut und auf ihre sofort reagiert hatte, war sie noch im Internet und schrieb zurück, dass sie sich das sehr gut vorstellen könne. Ich zitterte vor Glücksgefühl.

Ich nahm mir vor, Bea noch nicht anzudeuten, dass ich das kommende Wochenende zu diesem Festival fahren musste. Zum einen, weil ich die schöne entspannte Stimmung zwischen Bea und mir nicht stören wollte, aber vor allem, weil ich nicht wollte, dass Bea Zeit hätte, ihre Buchhandelsschichten so zu tauschen, dass sie mich auf das Lyrikfestival begleiten könnte. Bea las nie Lyrik, sie fand Gedichte langweilig. Doch schien sie im Moment das Bedürfnis zu haben, dass wir uns so oft wie möglich sahen. Ich fürchtete, dass sie das vielleicht sogar dazu bewegen könnte, sich etwas in ihren Augen Schreckliches wie Lyriklesungen anzutun.

Ich sagte es ihr am Donnerstag.

»Ach übrigens, Sabine hat mich überredet, doch mit auf das Lyrikfestival zu fahren. Sie möchte die Präsentation zu zweit machen, sie findet es besser, wenn auch jemand anderes einzelne Texte liest und nicht nur sie alle Texte lesen müsse. Das würde den Leuten langweilig, immer nur eine Stimme … darum können wir uns am Wochenende leider nicht sehen.«

»Schade. Aber macht nichts, ich muss sowieso waschen und mal wieder aufräumen.«

*

Sie stand vor dem Wohnwagen und wartete. Die Zeit war stehengeblieben. Als wäre ich nicht zwischendurch in Deutschland gewesen.

»Danke, dass du mir diese Tage schenkst«, war ihr erster Satz, als sie mich sah.

»Ich würde dir mein ganzes Leben schenken«, das sagte ich nicht, aber ich dachte es in diesem Moment. Mein bisheriges Leben würde ich hingeben dafür, sie zu sehen. Es ist Wahnsinn, aber ich weiß, dass ich es könnte. Und ich erinnerte mich an das Gefühl, mit dem ich den Zirkus betreten hatte. Als ginge ich aus der Welt hinaus in eine andere.

Ich antwortete, und muss ziemlich feierlich geklungen haben: »Ich kann kaum ausdrücken, wie gerne ich dir diese Tage und mich schenke. Ich würde dir noch viel mehr schenken, wenn ich könnte.«

»Du bist mir genug, mehr brauche ich nicht«, sagte sie und lachte.

Dann umarmten wir uns und blieben eine Zeitlang eng aneinandergelehnt vor dem Wohnwagen, bis sie mich an der Hand nahm, sehr romantisch, und wir betraten den Wagen. Sie küsste mich lange, mehr nicht, ein intimer Kuss, ihre

Zunge, die mir akrobatischer vorkam, als ich sie in Erinnerung hatte, drang in mich und verharrte, ich saugte an ihr, als wäre ich ein Baby, das endlich wieder Nahrung bekommt.

Sie fragte, ob ich schon gegessen habe, ihre Vorstellung beginne erst in anderthalb Stunden.

»Nein«, antwortete ich, »kennst du diese Insel auch so gut?«

»Ja, ich kenne auf allen Inseln geheime Orte. Besonders auf dieser. «

Gran Canaria war mir nur als Massentourismusziel bekannt. Noch nie war ich hierher gereist, auch nicht auf dem Flughafen umgestiegen. Meine Fahrt zu ihrem Wohnwagen war furchtbar gewesen. Der Zirkus stand in der Nähe eines Ortes namens Vecindario in Richtung des riesigen Strandgebietes im Süden der Insel. Sie hatte mir vor meinem Abflug am Telefon beschrieben, wo ich von der Autobahn abfahren solle, »danach der zweite Kreisel rechts. Dann am ersten Kreisel links Richtung Meer, dann am zweiten Kreisel, da stehen wir.« Vom Flughafen seien es vielleicht zwanzig Minuten Fahrt.

Ich wusste, dass sie bis sechs in der Nachmittagsvorstellung war. Ich dachte, ich könnte vorher zu dem Hotel fahren, einchecken – auch wenn ich aller Wahrscheinlichkeit nach nie dort übernachten würde, sollte ich vielleicht einmal auftauchen.

Was passiert, wenn ein angekündigter Gast nicht kommt? Würden sie bei der Reisegesellschaft nachfragen – oder war in es in einem Massenbilligbetrieb egal, ob Gäste ankamen oder nicht?

Das gebuchte Hotel war zu weit hinter dem Ort, an dem der Zirkus stand, so fuhr ich nicht dorthin sondern wollte direkt zu ihr fahren. Ich hatte nun viel Zeit. Dachte, ich könnte in der Nähe des Zirkus noch einen Kaffee trinken und ganz entspannt ankommen. Ich fuhr in die falschen Kreisel, jede Straße sah aus wie die andere, jeder Blick hinunter auf das zugebaute Meer sah aus wie der vorige, ich verirrte mich so sehr, dass ich schließlich irgendwo in der Nähe eines der vielen Strandabschnitte verzweifelt anhielt und die kurze Zeit wartete, bis es sechs war, die Vorstellung vorbei und ich sie anrufen konnte. Ich war völlig durchgeschwitzt. Es war nicht leicht herauszufinden, wo genau ich gelandet war. Ich hatte das dringende Bedürfnis zu duschen, mir wenigstens die Haare zu waschen, dass sie nicht mehr klebten. Wieso war es so heiß, auch hier war doch Winter? Ich kaufte eine große Wasserflasche und wusch mir die Haare wie eine Pennerin am Straßenrand, stieg wieder ein, durch das kurze Wasserflaschenbad soweit erfrischt und klar im Kopf, dass ich den Weg nach ihrer Beschreibung endlich fand.

»Mein liebster Ort hier«, sagte sie »ist die Bar am Ende des Canterasstrandes, aber die ist zu weit. Wir fahren nach Vecindario. Eine hässliche Stadt, aber sie hat eine gute Tapasbar.« Sie fuhr ohne ein Zögern durch das schreckliche Labyrinth der Kreisel zurück zur Autobahn, erzählte mir während der Fahrt von ihrer ersten Liebe mit Anfang zwanzig, Cecilia, die aus Las Palmas sei und noch immer hier lebte. Als diese erste Liebe vorüber war, kam eine zweite, Ana. Danach war sie nach Madrid gezogen, um ihre Schauspielerinnenausbildung abzuschließen. »Meine Ex-Novia Cecilia hat mir viel beigebracht! Auch, dass ich Schauspielerin geworden bin, habe ich ihr zu verdanken.«

»Und was war vorher, mit dem Vater des Kindes?«, versuchte ich wieder, etwas aus ihr herauszubekommen.

Sie antwortete nur knapp. »Die Anfangszeit mit ihm war schön, das Ende der Geschichte nicht. Und ich war noch sehr jung. War weggelaufen. Die Familie der Schwester war der Meinung, das Kind sei besser bei ihnen aufgehoben.« Genaueres wollte sie nicht preisgeben.

In Vecindario parkte sie, führte mich durch staubige Seitenstraßen, blieb vor einem Haus stehen und klopfte. Niemand öffnete. Sie sagte »hier wohnt mein Sohn. Der ist jetzt wahrscheinlich in Las Palmas, sonst würde ich ihn dir vorstellen.«

Hatte auch sie hier in diesem Kaff an der Autobahn gelebt, als sie schwanger war?

Wir gingen in die Tapasbar. Der Wirt schäumte über vor Freude, sie zu sehen, und goss uns gleich zwei schwere Rotwein ein, »den müsst ihr trinken, der ist gut!« Wir aßen und tranken, am Schluss noch einen selbstgebrannten Aqua diente.

»Cecilia und ich hatten eine gute Zeit am Canterasstrand. Sie wohnt noch immer in in dem Viertel direkt am Strand. Wir fahren sie später einfach einmal besuchen!«

Die kurze Zeit meines Besuchs wollte ich vor allem mit ihr verbringen. Aber kaum war ich hier, war nicht nur die Zeit zwischen unseren Begegnungen verschwunden, sondern zugleich die Begrenztheit der Zeit hier. Die Zeit mit ihr zusammen schien unendlich. Ich hatte das Gefühl, dass wir eine Ewigkeit vor uns hätten, obwohl ich in ein paar Tagen einen Rückflug antreten würde. Freundinnen zu treffen, gehörte zu ihr und ich – in meinem Inneren dachte ich dieses Wort »lieben« schon die ganze Zeit – liebte sie auch dafür, wie sie ihre alten Loverinnen und Freunde und Freundinnen und die vielen Wirte und Barfrauen einfach nach zehn oder zwanzig Jahren besuchte und sofort eine Nähe zu ihnen aufbaute, als wäre keine Zeit vergangen. Mir kamen Pilar und Antonio in den Sinn. Ich war in den zwei letzten Tagen vor meiner Abreise nicht zu den Lesungen des Literaturfestivals gegangen. Daran dachte ich, hier auf Gran Canaria in einer Bar. Wie schade. Ich hätte gehen sollen. Die beiden würde ich gerne wiedersehen. Ich sagte es ihr.

»Ja, sie sind wunderbar, und was für ein Paar. Ich glaube, wenn einer stürbe, würde der andere sofort folgen. Sie wollten nie Kinder, haben ihr Leben lang Theaterprojekte miteinander gemacht. Du musst sie unbedingt näher kennenlernen. Sie treten auch jetzt in Rente immer noch zusammen auf und organisieren ununterbrochen Literatur- und Theaterevents auf der Insel. Zu ihnen habe ich ein Verhältnis, als wären sie meine Eltern. Sicher wirst du sie mal wiedersehen! Besuche sie, wenn du das nächste Mal auf deine Insel reist«, sagte Lucía.

Wir fuhren zurück, ich schaute mir die Abendvorstellung an und dann begann unsere Nacht.

*

Auch hier gab es einen Kiosk in der Nähe des Parkplatzes, in dem sie und die Artisten nach der Vorstellung noch etwas tranken. Wir gingen direkt nach der Vorstellung, sie noch im Kostüm und geschminkt, an die kleine Bar. Diesmal trug sie schwarz und gold, ein goldgestreiftes ärmelloses Top, eine goldgestreifte Hose, berauschend schön. Die Langhaarperücke hatte sie abgenommen, ihr eigenes Haar glänzte und funkelte im Licht. Als sie auf einem Barhocker am Tresen Platz nahm, rutschte das Top hoch, und ich blickte auf den Streifen weißer Haut, den ich damals – »damals« dachte ich schon, dabei war es gerade mal knapp vier Wochen her – den ich gesehen, der meinen Blick auf sie gelenkt, als das Licht ausgegangen war, obwohl sie schon den ganzen Abend dort gesessen hatte.

Die Bar füllte sich mit den Zirkusleuten. Die Frau, die auf dem gescheckten Pferd ritt, kam als Erste, setzte sich neben Lucía und sagte, »stell mir doch deine Partnerin mal vor!«

»Ja klar«, sagte Lucía und drehte sich zu mir um. Mir wurde warm vor Freude. »Mercedes, unsere Kunstreiterin. Sie reist seit Jahren mit diesem Zirkus, viel länger als ich, und sie hat eine Tochter, Minerva, die reitet auch, in der Kinderrunde auf den Ponys. – Anna, meine Freundin aus Berlin. Weißt du«, fügte sie hinzu und lachte Mercedes an, »bald werde ich endlich einmal nach Berlin reisen!«

Ich errötete. Hatte sie das wirklich gesagt? Welch wunderbare Vorstellung. Ihr Berlin zeigen! Lucía schaute mich an, »ja, Berlin. Von der Stadt träume ich schon lange. Es gibt einen Film über Berlin aus den Zwanziger Jahren, den ich irgendwo einmal gesehen habe – du weißt sicher, welchen ich meine

– und alles ist in diesem Film immer in Bewegung, die S-Bahnen, die Menschen, die Autos, die großen Straßen, eine dauernde Bewegung, ein Tanz. Es ist wunderbar! Wie ich, immer in Bewegung. Ich möchte diese Stadt unbedingt einmal sehen!«

Ich wusste nicht, welchen Film sie meinte, und antwortete. »Ja! Und ich würde ich mich sehr freuen, dir Berlin zeigen zu können.«

Die Bar quoll inzwischen über von den Artisten und Clowns, manche noch geschminkt, sie nahmen eine schnelle Copita, gingen wieder, Stimmengewirr, Lachen, Raus und Rein, und mitten drin Lucía und ich. Ich fühlte mich wieder geborgen in dieser Fremde, im Stimmenrauschen, im schnellen Reden Lucías, die mit Mercedes über etwas sprach, was ich nur in Bruchteilen verstand, aber das störte mich nicht, ich fühlte mich zuhause, hier, neben ihr. Nach unserem Wein gingen auch wir zurück, »ich schminke mich jetzt ab«, sagte sie im Wohnwagen und legte Musik auf. Dieses Mal etwas Trauriges, von einem Sänger namens Carlos Cano. Sie kam zu mir, nackt und abgeschminkt, ihre Eidechsen glitzerten feucht, und bat mich wieder, dass auch ich mich ganz nackt ausziehe, »ganz nackt« betonte sie, ich zog mich aus und dann liebten wir uns in der getragenen Langsamkeit des traurigen Liedes, das bald nicht mehr traurig wirkte, sondern in der Melancholie eine Intensität entwickelte, die mich körperlich berührte, und ich kam von tief innen her und sie etwas später auch, wir hatten, Schenkel verschlungen, uns aneinander bewegt, und ich war ein wenig überrascht, so gekommen zu sein, was mir selten gelang, ich war glücklich mit der Musik, mit Lucía, mit mir hier in einem Wohnwagen auf einem Parkplatz an einem Kreisel irgendwo in der Nähe einer riesigen Strandstadt Gran Canarias, deren Namen ich noch nicht wusste. Sie küsste und streichelte mich nach einer Ruhephase an meinem ganzen nackten Körper. Ich hatte mich vor dem Abflug rasiert, sodass es noch keine Stoppeln gab, was sie, so flüsterte sie, auch heute wieder schön fand, dass ich so nackt war überall, diese weiche Haut, sagte sie immer wieder, deine weiche schöne Haut, sie küsste sich von der Möse aufwärts bis in mein Gesicht und dann schlug sie ihre Schenkel zwischen mich und es begann von Neuem.

Früher lästerten Bea und ich über das Modediktat, dem sich fast alle unterordneten. Sich Blicken aussetzten. Schamhaar hat doch Sinn! Etwas Schönes zu schützen. In einem Sommer vor vielleicht vier Jahren, als wir oft nackt in der Ostsee schwimmen waren, kam ich mir erstmals unangenehm anders vor. Alle jungen Frauen an diesem Strand zeigten, oft mit Ringen geschmückte, Lippen mit unterschiedlich geformten schicken Haarstrichen oder ohne, und keine wie ich mit wucherndem, auf den Bauch hochwachsendem Haar. Und mir kamen meine im Schambereich nur noch blass aschblonden, ausgedünnten Fusseln plötzlich unausstehlich hässlich vor, mir schien auch, sie würden schon grau, früher hatte ich viel mehr Haar und braunes, und die in den Achseln sahen noch furchtbarer aus. In diesem Urlaub rasierte ich mich das erste Mal. Danach machte ich es manchmal vor Reisen ans Meer. Bea mokierte sich jedes Mal darüber. Sie könne da gar nicht hinsehen, sagte sie.

Lucía leckte mich und ich gab mich hin. Lecken ließ ich nur selten zu. Etwas daran war mir zu intim. Ich hatte immer ein wenig Angst dabei, zu viel zu zeigen. »Cómeme«, dachte ich und dachte an ihren Geschmack, und dass sie sich so gerne essen ließ, fragte mich, während sie mich küsste und lutschte, ob ich sie morgen früh auch wieder essen würde, und sie schlug meine Klit mit ihrer Zunge und saugte an meinen Lippen, öffnete mich, schleckte mein Inneres und fand ihren Rhythmus, den ich sie bat, ohne es auszusprechen, nicht zu ändern, und sie änderte ihn nicht, sie stieß und leckte mit ihrer starken Zunge, stieß und leckte immer weiter, blieb im Rhythmus, wurde schneller und schneller und hielt dann inne. Ich war kurz davor. Sie sagte, »bitte dreh dich um. Ich möchte alles von dir essen. Ich möchte dir meine Zunge hingeben, ganz! Möchte dich ausschlürfen, bis nichts mehr in dir ist, dreh dich um!« Langsam drehte ich mich auf den Bauch, immer noch kurz davor. Sie griff zwischen meine Schenkel, schob sie auseinander und leckte mich von hinten, eine Hand unter mir, sie griff meinen Venushügel, hob mich an. Es begann langsam, sehr langsam, von sehr weit her, von der Möse zog sie ihre Zunge nach oben, in den Spalt, an die Rosette, ich blieb auf dem Level, sie fuhr hin und her, leckte mir die Arschbacken, den Spalt, die Kuhle darüber, die Kuhlen zwischen Schenkel und Backen und kehrte zur Rosette zurück. Ich bebte. Langsam, sehr langsam rollte es aus mir hinaus, ich stöhnte, schrie und sie drehte mich um, warf mich wieder auf den Rücken, schob die Beine auseinander und trank, was sie erreichen konnte, lachte und sagte, »wie schön du anzusehen bist im Orgasmus«, hielt meine Lippen mit ihrer Hand umschlossen, »wir sammeln den Rest«, sagte sie, »und dann wirst du noch einmal kommen.« Schon, wie sie das sagte, ließ mich erneut auf den Höhepunkt zurasen, die drückte fester, schmerzhaft und ließ plötzlich los und sagte »jetzt! Jetzt kommst du!« Ich kam nur auf ihre Stimme hin. Ich war so nackt. Ich war ihr so ergeben, ich hätte sterben können. Dieser Moment, wie sie über mir war, mich anschaute und sagte, »jetzt werden wir weitermachen, meine Liebe.«

*

Am Samstag weckte sie mich früh, es war noch vor acht. Sie habe etwas zu erledigen. »Aber bitte, bevor ich aufstehe, cómeme!« Sie steckte sich mir genüsslich entgegen und ich folgte wieder der Eidechse abwärts, brachte sie zum Höhepunkt und leckte anschließend den Saft ihrer Lust, er schmeckte, wunderbar nach Kastanienblüten und Honig und ihrem eigenen Gewürz ohne Namen, und ich war selbst so erregt, dass ich sie am liebsten gebeten hätte, es mir jetzt noch zu besorgen, doch sie war schon aus dem Bett.

»Ich muss für eine Freundin, Ana« – hatte sie mir nicht erst gestern erzählt, Ana sei eine Ex-Geliebte? – »was transportieren. Ana hat gerade keinen Führerschein, weil sie mit Alkohol erwischt worden ist. Kannst du mich kurz zu ihr fahren, dann nehme ich ihr Auto – deins wäre dafür zu klein. Du fährst zurück, kannst ja noch etwas schlafen, ich hole das Möbelstück mit ihr aus Las Palmas ab und komme danach mit ihrem Auto her. Dann unternehmen wir was bis zur Nachmittagsvorstellung! Ich weiß schon, was …«

Natürlich fuhr nicht ich, sondern sie fuhr, und ich bemühte mich, mir zu merken, wie ich zurückmusste. Auf der Autobahn raste sie wie eine Irre. Wenn jemand auf der Überholspur zu langsam vor ihr fuhr, bedrängte sie ihn gefährlich, erntete entsprechende Gesten und fluchte fast die ganze

Fahrt über. Außer »coño!« verstand ich keines der Schimpfwörter. Ich riss sie schließlich, als sie gerade wieder ein vor ihrer Stoßstange hängendes Touristenauto anbrüllte, aus ihrer Fluchorgie, indem ich fragte, ob sie mir die Wörter erklären könne.

Sie stockte mitten in einem Wort, »klar kann ich das«, und begann mit ihren Erklärungen. Die restliche Fahrt lachten wir viel. Die spanischen Schimpfwörter sind nicht anal wie unsere, sondern beinhalten andere Teile des Körpers. Es gibt nicht nur Weibliches, sondern genauso Männliches. Zum Beispiel die männliche Vorhaut. Alle sehr klangvoll, besonders in Serie.

Schließlich hielten wir vor Anas Wohnung in Agüimes.

»Komm doch kurz mit rein auf einen Kaffee, Ana macht uns sicher einen«. Sie klopfte und trat durch die unverschlossene Tür. Ana war schon dabei, einen Kaffee zu machen, und ich spürte eine starke erotische Spannung im Raum, als Lucía auf Ana zulief, sie von hinten umarmte, auf die Schulter küsste, wieder losließ, einen Schritt zurücktrat – Ana setzte in dem Moment die Cafetera auf die Herdplatte – und sagte, »Ana, wir hatten es doch so nett miteinander damals, dreh dich um, lass dich anschauen!« Ana wandte sich ihr zu. »Du siehst sagenhaft aus!«, dann erst schien sie sich meiner zu erinnern und sagte, »Anna, meine Freundin aus Berlin, deine Namensvetterin!«

»Nett«, murmelte Ana nur und schaute zugleich Lucía an. Sie hatte eine tiefe betörende Stimme. Mich durchfuhr ein Blitz der Eifersucht. Große schlanke Gestalt, sie trug ein schwarzes Trägerkleid, ihr Gesicht schmückte eine interessante Faltenzeichnung, sicher war sie zehn Jahre älter als wir, langes sehr kräftiges braunschwarzes Haar, das in Wellen abstand, eine scharfe Nase und schmale, tiefbraune Augen. Die beiden, Lucía und sie zusammen, sahen umwerfend aus. Wir setzten uns, tranken den Café solo und der Redeschwall über die letzten zehn oder fünf oder fünfzehn Jahre, wie lange sie sich nicht gesehen haben mochten, setzte ein, und Ana wandte ihre Augen nicht ab von Lucía, ich glaube, sie liebte sie noch. Bis Lucía schließlich zum Aufbruch schritt und sagte, »komm holen wir jetzt das Ding! Anna, du findest den Rückweg? Es wird so anderthalb Stunden dauern, ich werde wohl gegen elf, zwölf wieder da sein.«

Ich fand den Rückweg erstaunlich gut. Während der Fahrt dachte ich darüber nach, ob Ana und sie noch was miteinander hatten oder wieder anfangen würden. Es war ein Vibrieren zwischen ihnen. Eine Frau wie du muss einfach begehrt werden, sprach ich Lucía in Gedanken an, ich kann nicht verhindern, dass du auch andere hast. Aber der irrationale Schmerz der Eifersucht, einer wahrscheinlich grundlosen Eifersucht, hatte mich die Fahrt über im Griff. Im Wohnwagen wusste ich zunächst nicht, wie ich mir die Zeit vertreiben sollte. Zum Lesen war ich zu abgelenkt, ich dachte an Lucía und Ana, allein in Anas Haus. Aber sie waren sicher schon unterwegs und sicher war nichts anderes mehr passiert als dass sie weiter geredet hatten. Lucía versprühte jedoch so viel Energie, dass ich mir vorstellen konnte, dass sie eben mal, zwischen meinem Abgang und Möbelholen …

Als Lucía zurückkam, war ich kurz eingeschlafen. Sie weckte mich mit einem heißen Kuss und sagte, »los, wir fahren in Anas Auto, ich gebe es erst zwischen Nachmittags- und Abendvorstellung ab, jetzt zeige ich dir den schönsten Strand der Welt.« Und sie hatte recht. Canteras ist wirklich der schönste Strand, den ich bisher kennengelernt habe. Schon als wir von oben auf ihn zufuhren, sie war extra einen Umweg gefahren und wir kamen aus Richtung Agaete an, damit wir genau diesen Blick hatten, stockte mir der Atem, als die große zur Straße hin leuchtende Mondsichel des Strandes auf der Halbinsel in Sicht kam. Die lange Promenade war schon am Vormittag belebt, am Promenadenrand bevölkerten riesige aus Sand gebaute Gestalten den Strand, einige Schwimmer im sanften Wasser, Felsen weiter vorne halten die Wellen ab, nur an den Surferecken am äußeren Ende rollten sie heran. Es gab nicht genug Zeit und ich hatte keine Badesachen dabei, aber mich hätte es fast in Unterwäsche hineinverführt. Es war ein sehr warmer Märztag. Lucía sagte, »du schaust so traurig. Nimm den Strand mit in deine inneren Bilder. Irgendwann kehren wir zurück! Komm mit, wir sehen mal, ob Cecilia zu Hause ist«, aber Cecilia war nicht da.

»Schade. Wahrscheinlich unterrichtet sie. Sie arbeitet zurzeit auch als Schauspiellehrerin.« Sie legte ihr eine Notiz hin mit der Einladung, die Tage einmal anzurufen oder zum Zirkus zu kommen. Wieder durchschoss mich Eifersucht. Sie schien das zu spüren. »Du wirst Cecilia mögen! Du musst sie unbedingt kennenlernen … Sie ist nicht nur eine hinreißende Schauspielerin. Sie schreibt auch wunderbare Gedichte. Ich schenke dir nachher ein Buch von ihr.«

»Danke! Dabei fällt mir ein, ich habe das Buch dabei, das du mir geliehen hast, erinnere mich doch bitte daran, es dir zurückzugeben.«

»Das kannst du gerne noch behalten und mir ein andermal geben«, sagte sie zu meiner Freude. »Ein andermal!« Wieder hatte ich das Gefühl, dass unsere Zeit miteinander unbegrenzt wäre, dass sich die Zukunft auftat.

Im Wohnwagen angekommen, kramte sie Cecilias Gedichtband heraus. Ich las einige der Gedichte, verstand nicht alles, doch sie waren wirklich schön. Kurz musste ich weinen. Es war die Erschöpfung. »Du wirst Cecilia mögen«, sagte Lucía noch mal, »ich weiß das.«

*

Nach der Kindervorstellung brachen wir auf, um Anas Auto zurückzubringen. »Aber vorher zeige ich dir noch was«, sagte sie, »das ist jetzt das richtige Licht. Fahr mir einfach hinterher.«

Einfach war es nicht, ihr hinterherzufahren, sie raste wie immer, wechselte Spuren ohne zu blinken und schoss plötzlich von der Überholspur quer über die Autobahn auf eine Ausfahrt zu und fuhr von der Autobahn ab, ich schaffte es gerade noch, ihr zu folgen, dann ging es eine kurvenreiche Straße entlang. Außer uns fuhr kein Mensch auf dieser Straße. Ab und zu kam die Autobahn in Sicht. Sie stoppte in einer Kurve, fuhr Anas Auto an den Rand in eine enge Ausbuchtung, ich quetschte mein Auto hinter ihres, sie stieg aus, kam auf mich zu, so standen wir und die zwei Autos hoch über dem Meer in einem Barranco voll gelber Riesenlöwenzahnblüten und großer Anispflanzen, sie brach einen Stengel ab, weißer Saft tropfte, sie hielt ihn mir vor die Nase. »Riech mal, wie intensiv!« Der betäubende Duft nach hochkonzentriertem Pernod oder nach Solysombra machte mich trunken, ich erschauerte und schlang meine Arme um sie. Küsste sie, ihr Gesicht, alles, was ich erreichen konnte, flüsterte, »wie sehr ich dich mag, wie liebenswert du bist.« Ich liebe dich so!, das dachte ich, oder sagte ich es schon?

Sie entwand sich. »Dieser Blick!« Die meisten Barrancos, die wir bisher durchfahren hatten, waren mit riesigen wabenförmigen Geistersiedlungen bis hoch in die Berge zugebaut, unendlich viele gespenstisch leere schwarze Fensterlöcher glotzten zu uns her, es sah aus wie nach einem Weltuntergang. Die Natur unberührt und alles von Menschen Gebaute unbelebt und verlassen. Wahrscheinlich wohnten dort Touristen, doch beim Blick auf die Siedlungen war nichts von Leben zu sehen. In diesem Barranco blickten wir nicht auf eine solche Siedlung. Unten leuchtete das Meer in dem klaren März-Spätnachmittagslicht, ein Traum. Wir standen eine Weile, sie kam hinter mich, ich lehnte mich an sie, versunken in dem Anblick. Kein Auto, kein Mensch, nur wir beide. Dann fasste sie mir unvermittelt in die Hose, drängte sich von hinten an mich, begann, sich an mir zu reiben, ihre Finger öffneten meine Lippen, »komm Anna, ich besorg's dir hier, komm her, ich fick dich durch, öffne deine scharfe Panocha, los!«, ich war in gefühlsseliger Stimmung, mein Körper nicht vorbereitet. Sie öffnete die hintere Tür meines Autos, schob mich auf den Sitz, zerrte mir die Hose hinunter und fickte mich derb. Ich öffnete mich, die Lust überfiel mich wie vorhin der Duft nach Pernod und wieder war vielleicht ihre ganze Hand in mir. Da hielt sie inne, bewegte sich nicht mehr in mir, und ich spürte sie so sehr, öffnete die Augen und wir blickten uns an, bis sie anfing, ihre Faust in mir vibrieren zu lassen und ich wollte mehr, wollte alles von ihr, wollte aufgerissen werden und sie aufnehmen, ganz und gar, wollte mich öffnen wie nie. Und sie war still. Nur dieses leichte Zittern ihrer Faust. Fast wäre ich ohnmächtig geworden, da ließ sie mich endlich kommen, das erste Mal an diesem Tag, fiel auf mich, unsere Beine ragten raus, wir konnten uns nicht mehr bewegen. Ihre kleinen scharfen Titten auf meinen größeren weichen. Und jetzt kam doch ein Auto vorbei, sie lachte, schlängelte sich raus, zog mich hoch und sagte, »ist doch ein bisschen eng, um weiterzumachen«, küsste mich, »du bist so, so süß! So geil!«

Dann fuhren wir auf die Autobahn zurück, am Standort des Zirkus vorbei nach Agüimes und brachten Ana das Auto. Ich hatte keine Mühe mehr, ihr zu folgen, wie in Trance bewegte ich mich in ihrer Spur.

Diesmal blieb ich während der Abendvorstellung im Wohnwagen, träumte vor mich hin und las weiter in Cecilias Gedichten. Später in der Nacht fuhr sie meinen Leihwagen rasend durch die Nacht, erst Autobahn, dann eine kurvige Straße hoch in die Berge, betonte immer wieder, wie schade es sei, dass ich jetzt nichts von der schönen Landschaft sehen könne und unbedingt mal wieder hierher reisen und bei Tag diese Strecke fahren müsse, und wieder war es eine Bar, in der sich seit vielen Jahren wenig verändert hatte, wir aßen weich geschmortes Ziegenfleisch und sie ließ sich alles erzählen, wer welche Kinder bekommen habe, wer gestorben sei, dass der Tourismus inzwischen auch in die Berge gekommen sei.

Auf dem Rückweg sah Lucía weit vor uns auf dem Stück Autobahn, das wir fahren mussten, einen Polizeiwagen, der vor einem Parkplatz Autos herauswinkte. Alkoholkontrolle. Es war Samstagnacht, viele waren betrunken unterwegs. Ich hätte es nicht bemerkt, sicher nicht rechtzeitig genug, aber sie sah das Blaulicht schon von Weitem und schaffte es, auf eine Haltebucht und von dort auf einen Weg in ein Feld abzubiegen. Wie sie das hatte sehen können? Mir schnürte die Angst den Atem ab, wenn die uns nun beobachtet haben, wenn sie uns verfolgen? Aber sie sahen uns nicht. Wir standen wie Verbrecher am Ende des Weges, die

Lichter ausgeschaltet, und warteten und während wir warteten, küsste sie mich und sagte: »Nutzen wir die Zeit hier im Finsteren.« Wir sahen nicht die Hand vor Augen. »Mir ist warm«, sagte sie, öffnete die Tür, zog sich das kurzärmlige Hemd aus, die Hose, warf beides auf den Boden vor das Auto und war nackt in der Nacht. Es war inzwischen sehr kühl. Das Blaulicht in der Ferne, unheimliches Rascheln. Ich hatte immer Angst, wenn ich auf dem Land nachts draußen war. In einer Stadt ist es nie ganz dunkel. Doch in der dunklen Natur fürchtete ich mich, es war völlig irrational, das wusste ich, doch ich konnte nichts dagegen tun. Die Angst war immer da. Nicht einmal Lucías Nähe konnte das überflüssige Gefühl ganz vertreiben. Ich wusste, dass das Rascheln nur Geckos oder Eidechsen oder Mäuse waren. Tomaten würden sie hier anbauen, hatte Lucía erzählt. Doch es roch intensiv nach Orangenblüten. »Komm, raus aus dem Auto! Komm her, nimm mich«, sie legte sich nackt auf die Sachen, auf das Gebüsch. Langsam hatten sich meine Augen an das Dunkel gewöhnt. Das Blaulicht blinkte noch immer in der Ferne, ab und zu drangen die Geräusche eines Autos auf der Autobahn zu uns, übertönten einen Moment lang das unheimliche Rascheln, ihr weißer Körper schimmerte, ihr dunkles Gesicht verschwand. Ich stieg aus, ging zu ihr hin, mir war kalt, »los, nimm mich, fick mich doch endlich!«, und ich senkte mich vollständig angezogen auf sie und küsste sie, fickte sie mit der Hand, bis mir der Arm erlahmte und sie in die Nacht und den Orangenduft hineinseufzte, stöhnte und sang. Ach Lucía! Sie überschwemmte meine Hand. Jetzt war das Blaulicht verschwunden, sie zog sich wieder an. Am Rand des Himmels war eine filigrane Mondsichel aufgegangen, sie lag wie ein Schiff in der Nacht, wir schauten noch eine Weile, wie es stieg, und meine Angst war verschwunden.

Als sie am Zirkusparkplatz ausstieg, sah sie aus wie ein Igel, die Sachen und Beine voller Amor-Seco-Stacheln. Wir lachten, umarmten uns, was ein schönes Abenteuer! Wir suchten noch nach der Mondsichel, fanden sie aber nicht inmitten des Lichtes der großen Strandstädte um uns herum.

Im Bett, inzwischen mit bunter Bettwäsche, nicht mehr mit der schwarzen, kuschelten wir uns aneinander, ungewaschen, ohne Zähne geputzt zu haben. Ihr wunderbarer Duft nach wildem Gestrüpp und Schweiß hüllte mich ein. Wir schliefen schnell. Als ich erwachte, hatte sie sich wieder in sich zurückgezogen, von mir weggedreht ans äußere Ende des Bettes, die Arme um sich geschlungen und sie wirkte auf einmal sehr allein.

*

Es war fast elf und sie musste sofort zur Sonntagsvormittagsvorstellung.

»Schlaf du doch noch ein wenig weiter«, sagte sie »und geh bitte an mein Handy, wenn es klingelt, vielleicht ruft Cecilia an.«

Cecilia! Die Geliebte mit den schönen Gedichten. Den Zettel hatte ich vergessen. Und wirklich rief sie an. Ich sagte, ich sei Anna und Lucía sei in der Vorstellung, ob sie später wieder anrufen könne?

Sie fragte, »bis wann dauert die Vorstellung ungefähr?«

»Bis eins.«

»Dann komme ich gegen zwei vorbei. Wir können vielleicht zusammen essen, kannst du ihr das sagen?«

Ich war wirklich gespannt auf ihre erste Liebe.

Cecilia war anders, als ich sie mir vorgestellt hatte, klein und etwas rundlich, blaue Augen, eine altertümliche ovale Nickelbrille, schulterlanges gewelltes Haar, längst nicht so beeindruckend schön wie das Haar von Ana, es war grauschwarz, fast gestreift, sie sah lustig aus. Una profesora. Wir unterhielten uns über Literatur aus Kuba, ihre Lieblingsdichterinnen und Dichter, über Theaterstücke und Schauspielkunst und über eine engagierte Zeitung, die seit den Siebzigern in Teneriffa herausgekommen war und hervorragende Theatertexte publiziert habe, auch Erzählungen und Gedichte, von Autoren, von denen manche später berühmt geworden seien. Sie konnte mitreißend erzählen und unterhielt sich – anders als Ana – genauso viel mit mir wie mit Lucía. Wieder stimmte, was Lucía vermutete. Ich mochte Cecilia sofort. Die Zeitschrift gab es schon lange nicht mehr. Sie versprach, mir ein paar alte Ausgaben zu schicken, und ich gab ihr meine Adresse in Berlin. Dann erzählten mir beide von ihrer gemeinsamen Zeit, Lucía zwinkerte mir zu und behauptete, Cecilia sei eine wunderbare Liebhaberin, sie habe alles nur von ihr gelernt. Cecilia lachte und sah dabei aus wie ein frecher Junge, sie sagte, das stimme nicht, die Leidenschaft lasse einen die richtigen Dinge tun, auch ohne es zu lernen, und wir sprachen eine Weile darüber, ob man guten Sex lernen könne. Es muss eine aufregende Zeit auf den Inseln gewesen, Anfang der Neunziger, als Lucía und sie zusammen waren und Lucía die ersten Gastrollen in Stücken bekam, in denen Cecilia eine Hauptrolle spielte. Sie sah nicht aus, wie ich mir eine Schauspielerin vorstellte, so sah eher Ana für mich aus. Ana war Lehrerin. Musiklehrerin. Bei dieser Lehrerin mit dieser Stimme müssten die Mädchen in ihrer Klasse eigentlich lesbisch werden.

Zwischen Cecilia und Lucía war eine große Verbundenheit. Nicht so sehr diese erotische

Spannung, die ich zwischen Ana und ihr empfunden hatte, aber doch machte auch diese Nähe zwischen den beiden mich einen Moment lang traurig. So nahe würde ich Lucía wohl niemals sein können. Die Welt, in der ich seit gut vierzig Jahren lebte, war weit weg und anders. Ob ich je wirklich in ihre Welt hineinkäme? Die Zeit im Alter von Anfang, Mitte zwanzig, in der sich vieles im Leben neu anfühlt und sich Lebenswege entwickeln, mit jemandem intensiv zu teilen, wie es Lucía und Cecilia getan hatten, das verbindet vielleicht mehr, als wenn man sich erst um die vierzig kennenlernt, dazu mit zwei sehr verschiedenen Biografien. Ob ich wirklich aus meiner Welt ausbrechen könnte? Einen neuen Weg gehen? Aber das Gefühl schwand sogleich wieder. Als Cecilia fragte, wieso ich so verloren gucken würde, wusste ich es schon nicht mehr und fühlte mich im Jetzt, voll intensiven Glücks, vertraut und nicht fremd im Gespräch mit Cecilia und Lucía in der Bar in der Nähe der Zirkusparkplatzes, in der wir Pulposalat aßen und weißen Wein aus Tejeda tranken.

Zur Feier der Begegnung mit Cecilia opferte Lucía den Rest ihres gesunden Grases von »meiner« Insel – sie erzählte Cecilia, während sie die Zigarette drehte, dass ich schon seit Jahren auf diese Insel gefahren wäre, sogar schon zu den Zeiten, als sie dort noch am Theater mit Pilar und

Antonio gearbeitet habe. Cecilia mochte die beiden auch sehr. »Schön, dass du sie kennengelernt hast«, sagte sie zu mir, wir gingen mit der gedrehten Graszigarette an einen kleinen Platz auf eine Bank in den Schatten eines großen Lorbeerbaumes. Dass es einen solch schönen Platz in der neugebauten aneinandergewachsenen Riesenstrandstadt überhaupt gab, wunderte mich, aber Lucía kannte, so schien es, die Geheimnisse in wirklich jeder Ecke der Inseln. Wir rauchten, versanken weiter in das intensive Gespräch und waren uns sehr nah. In der Klarsicht, die sich manchmal nach dem Konsum eines guten Rauschmittels einstellt, sah ich Cecilia, mich und Lucía Jahre später noch einmal so zusammensitzen, uns drei als Einheit.

Lucía kam zu spät in ihre Nachmittagsvorstellung, die Clowns hatten es gekonnt überspielt, Cecilia und ich schauten uns die Vorstellung an, und natürlich holte uns Lucía gemeinsam zu einem Spiel ins Zirkusrund. Wir sollten Bälle fangen, die uns die Clowns zuwarfen, pro Ball hätte es einen Schokoriegel gegeben, natürlich fingen wir nicht einen, aber das Publikum lachte über die kleine rundliche Frau mit Nickelbrille und schwarzweißem Haar und die etwas größere dürre sich ziemlich ungeschickt anstellende Rubia aus Deutschland, die beide den Finten der Clowns auf den Leim gingen.

Nach der Vorstellung waren Lucía und ich ziemlich müde, der lange Samstag saß sogar Lucía in den Knochen, Cecilia hatte nichts gegen eine kurze Siesta einzuwenden, und so lagen wir auf einmal zu dritt nackt in der Mittagswärme im Wagen, auf dem Dach trappelten Eidechsen und wir schliefen wirklich ein. Als ich erwachte, hatte ich den rundlichen Körper Cecilias im Arm, ihren Po in meinem Bauch, während Lucía wie üblich entfernt und sich selbst im Arm am Bettrand aufwachte. Ein wenig erschrocken rückte ich von Cecilia ab, wie war ich ihr nur im Schlaf so nahe gekommen?, doch sie rückte schlaftrunken wieder an mich heran, drehte sich um und sagte, »du fühlst dich schön an. Und erst deine Brüste!« Sie starrte auf die Nippel, ihre kurzsichtigen Augen direkt davor. »Sie sind gezeichnet wie eine Chirimoyafrucht. Zauberhafte Tetas! Spezielle Chirimoyas, rosa und nicht grün! Darf ich sie mal berühren?« Und schon lagen ihre kleinen Hände an meinen Brüsten. Ich hatte keine Ahnung, was Chirimoyafrüchte waren, errötete leicht und fragte nach. »Die schmecken ganz besonders! Wie süßer Pudding, nach allen Früchten zusammen. Wenn sie reif sind. Reif wie deine Tetas! Ihre Schale besteht aus ineinander gestaffelten Teilen wie diese Zeichnung da!« Sie küsste flüchtig einen meiner Nippel, zwirbelte kurz und die Dinger standen unverschämt groß und rot in den Raum. »Tetas zum Lutschen, wunderbar«, sie begann zu saugen und ich wurde heiß. Lucía erwachte, drehte sich uns zu und sagte, »dachte ich es mir doch, meine Sexlehrererin möchte dir etwas zeigen, was ich nicht kann. Warte ab und lass es zu!«

Ich wollte nicht, ich wollte meine Orgasmen für Lucía aufheben und sagte das zu Cecilia in mittelmäßigem Spanisch, doch sie hörte nicht hin, zwirbelte die Nippel, knetete die Titten und nuckelte weiter mit einer Präzision, dass es mir den Saft in die Möse trieb und mich immer wieder kurz vor den Höhepunkt brachte, sie schien das zu spüren, setzte ab und wieder an, fast war es nicht mehr auszuhalten, ich begann zu stöhnen und schrie schon, »nein, nein, ich halte es nicht aus«, da ließ sie los. »Der Rest gehört Lucía«, sagte sie. »Ich geh und schau mir die Tiere an«, war aus dem Bett, ruckzuck angezogen, und verließ den Wagen.

Lucía rutschte zu mir, öffnete meine Schenkel und schaute auf mein nacktes Geschlecht, das sich vor Schreck schloss und öffnete und dann sagte sie, »So! Du kommst jetzt!« Mehr nicht. Und ich kam. Ich gehorchte ihr. Ich liebte sie für ihre Direktheit, für ihre Stimme, ihren Geruch, ihren Körper, ihr ganzes Sosein. Ich konnte mir Sex ohne sie nicht mehr vorstellen. Sie kam zu mir herunter, liebkoste mich, lachte und kuschelte sich an mich, »das mit den Nippeln hat sie immer noch gut drauf, eine tolle

Frau, findest du nicht auch? Cecilia! Ich finde sie im Älterwerden noch schöner! Ich liebe sie! Nicht wie du denkst. Sie ist wie meine Schwester. Die Liebe zu Cecilia wird nie im Leben aufhören. Ich würde für sie alles tun. Wenn sie mich mal brauchte, wäre ich sofort da, egal wo ich gerade wäre oder in was für einer Beziehung ich steckte und auch umgekehrt.«

Vor der Abendvorstellung tranken wir noch einen Wein mit Cecilia, dann verabschiedete sie sich und sagte zu mir, »komm mich doch mal besuchen. Las Palmas ist eine schöne Großstadt. Ich zeige sie dir, wenn du das nächste Mal hier bist.«

*

»Das ist unsere letzte Nacht«, sagte Lucía später und fuhr fort: »Ich habe einmal etwas von einer brasilianischen Artistin geschenkt bekommen, ein Kultobjekt ihrer afro-amerikanischen Vorfahren, das hat sie zumindest behauptet«, Lucía zwinkerte mir zu, »und ich möchte es jetzt endlich mal ausprobieren. Es wird dir gefallen. Mach dich bereit! Zieh dich aus, knie dich hin, stütz dich ab, streck mir deinen Arsch entgegen. So bist du am weitesten geöffnet, und ich komm außerdem auch leicht an deinen Arsch ran!«

Meinen Po hinstrecken! Musste das sein. Ich mochte mir seinen Anblick nicht vorstellen, bildete mir ein, er wäre wabbelig. Klar, mittendrin, im Sexspiel, wenn ich schon erregt war und wir uns wälzten und ich ihr dabei meinen Arsch entgegengereckt hatte, machte ich mir keine Gedanken darum. Aber jetzt! Mich auf ihre Anordnung hin einfach so hinzuknien und ihr den Hintern hochzuhalten, nein … Ich zierte mich. Ich zog mich aus und saß unsicher auf dem Bett.

»Nein«, sagte ich.

»Doch«, anwortete sie, »ich möchte dich gerne noch einmal von hinten nehmen. An den Bettrand, knien, hoch mit dem Arsch, dass ich dahinter stehen kann!«

»Machoweib!«, dachte ich und wehrte mich weiter. »Du mit deinen Machoallüren«, war mir plötzlich Beate im Ohr, die das zu mir sagte, als ich sie einmal, in der Zeit, in der wir noch leidenschaftlichen Sex hatten, plötzlich umgedreht, ihren Po hochgerissen und sie von hinten gefickt hatte. Aber Bea sagte das sehr lustvoll, meinte es in der Situation nicht als Vorwurf, sondern im Gegenteil, sie kam mir entgegen und drückte ihren weichen riesigen Hintern über mich und meine Handgelenke. Verdammt, musste mir das jetzt einfallen. Ich dachte an Lucías geilen Arsch. Den ich noch nie so richtig genossen hatte.

Ich kniete mich hin, ihren Arsch im Kopf.

Sie ging zum Schrank, kramte aufreizend lange darin herum, während ich in dieser erniedrigenden Position verharrte und nass wurde, wie peinlich. Wie kann man nur so geil sein? Lucía! Du bewirkst das, ich brauche dich, ich brauche dich so sehr! Ich verrenkte mich, um sie zu sehen, sie hatte schließlich gefunden, was sie suchte, einen riesigen polierten Holzdildo. Sie bemerkte meinen Blick, sagte, »keine Sorge, der ist steril, aber wenn du willst reinige ich ihn noch mal, dann ist er auch schön warm«, ich kniete und fragte, ob ich denn erst mal wieder aufstehen könne, »nein«, sagte sie, »bereite dich vor, öffne dich.«

Ich troff inzwischen schon vor Erwartung, während sie den Wasserkocher anwarf, wartete, das Ding dann kurz mit kochendem Wasser übergoss, was ihn entsetzlich obszön glänzen ließ, »so, jetzt bist du dran«, sie fasste ihn kurz an, dass er nicht mehr zu heiß wäre, kam hinter mich und schob ihn ohne Vorbereitung rein. Na, ich war ja auch weit und offen und nass.

Sie fickte mich und fickte, wie es schien auch sich, indem sie ihn in mich und zurück an ihre Klit donnerte und ich schrie und schrie mal wieder, dass der Wagen wackelte, und ließ mich durchvögeln bis zum Anschlag, sie krallte sich in meine Backen und stieß Finger in meinen Arsch, ich zuckte um ihre Finger und hatte das Gefühl, auch dort würde ich nass und geil, und sie stieß den dicken Dildo weiter und weiter und weiter in mich und zurück und zog ihn dann plötzlich raus, stieß die Finger tiefer in den Arsch, stieß noch ein paarmal zu, bis sie auch die Finger herauszog und sagte, »jetzt!«. Dieses »jetzt«, »ahora« oder »ahora mismo«, das sie immer wieder sagte und wie sie es sagte, klingt heute noch in mir. Und ich kam kreischend und tobend und weinend. Sie ließ mir keine Zeit, drehte mich zu sich, riss ihren Reißverschluss hinunter, die Hose und drückte mir ihre erregte Fut ins Gesicht. »Die harte Pepa musst du reizen«, sagte sie und donnerte ihre Möse noch mal an mich, ich reizte ihre Klit, hielt sie mit beiden Händen an die Hüften, dass sie sich kaum bewegen konnte, stieß sie gegen die Wand und leckte sie, bis sie schnell und heftig kam und sich auf mich ergoss. »Ahhh, es ist so schön mit dir! Du bist so offen für alles«, stöhnte sie, während wir zusammen aufs Bett sanken. Nach einer Weile stand sie auf, zog sich ganz aus, holte den noch nass glänzenden dicken Holzdildo zu uns ins Bett, »schau ihn dir an! Er ist doch wirklich schön. Ich stehe nicht auf Sexspielzeug, aber mit so einem schönen Holzteil, das musste ich doch mal nutzen!«

Im Einschlafen fiel mir mein Traum ein.

*

Am Montagmorgen sollte ich schon um halb zehn los, um zwölf ging der Flug, ich musste noch den Leihwagen abgeben und zwanzig Minuten dauerte es nur in Lucías Fahrstil, in meinem und einmal Verfahren eingerechnet würde ich sicher eine Stunde brauchen. Das gebuchte Hotel hatte ich nie betreten.

»Ich würde dich so gerne begleiten«, sagte sie, »aber dann schaffe ich die Schulvorstellung nicht mehr, die wir um elf haben.«

Wir stellten uns das erste Mal einen Wecker.

Er riss mich au einem wirren Traum von Cecilia und ihr, die mich zu Mutproben animierten. Sie erzählte im Aufwachen auch von Cecilia. Vielleicht hatten wir dasselbe geträumt. »Cecilia wird irgendwann im Spätsommer zu einem Gastvortrag nach Madrid kommen. Bin gespannt, ob ich bis dahin wieder einen Job habe.«

Wir tranken noch einen schnellen Kaffee am Kioskwagen um die Ecke und sie verabschiedete sich wieder kurz und kühl. Sie schien Abschiede wirklich nicht zu mögen. Aber wie hätten wir uns auch verabschieden sollen? Winken, bis das Auto um den Kreisel verschwunden ist? Das ist doch Unsinn. Ich fragte noch, ob sie das mit Berlin ernst gemeint habe. Sie antwortete, »ich werde dir mailen«, drückte mir einen schnellen Kuss auf die Wange, drehte sich um und ging. Und ich ging mit schlotternden Knien zum Parkplatz. Auf dem Weg zum Flughafen badete ich einmal kurz an einem Steinstrand mit viel Müll.

*

Dieses Mal holte mich niemand ab. Ich fuhr mit S-Bahn und Bus in meine Wohnung und fühlte mich fremd. Wie in einem Traum. Aber der Traum war hier, und nicht die Welt, aus der ich eben zurückgekommen war. Doch zugleich war ich glücklich und voller Energie.

Ich wollte Bea nicht anrufen, nicht jetzt schon. Sie wusste, dass Sabine und ich erst Montag zurückkommen würden, und das hätte ja auch spät geworden sein können.

Ich packte nicht aus, sondern legte mich ins Bett und brauchte ihre Nähe, sofort. Ich konnte nicht anders, als Lucía durch Selbstbefriedigung zu mir zu holen, so erfüllt war ich von ihr. Nach einem kurzen heftigen Orgasmus, sie vor Augen, wie sie mich an sich drückte, mir ihre Fut entgegenstreckte, so war es erst gestern Nacht Wirklichkeit gewesen, schlief ich kurz ein, erwachte, weil das Telefon klingelte, ging nicht ran und döste weiter. Ich träumte, dass ich sie im Arm hin und her wiegte, sie ganz nackt und ihre Brüste schaukelten leicht, und dass sie weinte und sagte, sie könne es nicht.

Wieder weckte mich das Telefon, ich spähte zur Uhr, ein Kitschgebilde, rosa und aus Holz, mit einem blauen Engelsfigürchen an der Seite, Geschenk meiner Ex Alex, die sich immer ausgefallenen Kitsch ausdachte, und sah, dass es schon neun Uhr abends war. Hatte ich so lange geschlafen? Diesmal ging ich ran.

»Hier Bea, wollte nur hören, ob ihr schon zurück seid.«

»Ja«, sagte ich und bemühte mich, den verschlafenen Ton aus meiner Stimme zu vertreiben, was mir nicht gelang, »gerade eben hat Sabine mich hier abgesetzt.«

»Du klingst erkältet. Hast du dir was geholt?«, fragte Bea.

»Ging ja drei Abende bis spät in die Nacht. Aber ich bin nicht erkältet, nur ziemlich fertig. Ich habe ein paar schöne Gedichte gehört«, fiel mir praktischerweise ein zu erzählen, »von einer Spanierin. Der Rest war eher langweilig. Ich bin heute aber echt zu müde, noch was zu unternehmen.«

»Verstehe ich ja«, sagte Bea. »Musst du morgen gleich wieder zur Arbeit oder hast du wenigstens einen Tag frei nach deiner Wochenendschicht?«

»Nein, ist gerade noch so viel Arbeit mit den aktuellen Anzeigengestaltungen. Ich muss noch eine Menge Leute an die Abgabe erinnern und die Anzeigen anschließend in Sabines Layout in die Lücken einfügen, der Drucktermin ist schon nächste Woche. Ich habe später mal frei …«

Musste das sein, musste all das jetzt schon über mich hereinbrechen? Ich kämpfte gegen die Tränen. Bea merkte etwas, fragte, was denn sei.

»Ach nichts, mir geht es gerade nicht so, hat gar keinen Grund, ich muss einfach ein bisschen schlafen, das wird schon wieder«, gab ich zurück, und sie verabschiedete sich, »pass auf dich auf und ruh dich aus. Stress dich doch nicht immer so! Lass dich von Sabine doch nicht in ihren Stress einbeziehen. Wir telefonieren dann die Tage, komme erst mal gut an!«

Als sie auflegte, begann ich erst richtig zu weinen. Sie war so nett zu mir. Ich liebte sie doch auch, trotz Lucía. Aber, ich glaube das Wort stimmte, ich liebte Lucía. Es war mehr als nur Sex und Lust und Verliebtheit. Oder? Diese Lügengebäude! Lucía hatte immer Musik laufen in ihrem Wohnwagen. Ich wollte, ich hätte einige ihrer CDs hier. Ich dachte an das italienische Lied mit der Anklage an Amor, warum er eine Zweite zum Lieben geschickt habe. Dass die Seele leide, wenn sie die Erste verletzen müsse, die Liebe zur Zweiten aber stärker sei. Ich war mir nicht mehr sicher mit dem Text. Ohne Lügen ging es nicht … noch nicht, redete ich mir ein. Ich konnte Bea auf keinen Fall einweihen, konnte sie nicht teilhaben lassen. Ich musste mich im Gegenteil bemühen, sie nichts spüren zu lassen, ich wollte sie nicht verletzen. Wie sollte es nur weitergehen? Das war mit Alex manchmal anders gewesen, auch nicht immer. Alle Versuche, mich zu beruhigen, gelangen nicht. Ich fiel in ein Loch aus Verzweiflung. Dabei war ich doch so glücklich und energiegeladen angekommen.

*

Am Morgen war ich wieder besser gestimmt und packte in Ruhe aus. Sabine wusste, dass ich von »irgendwoher« am Montag zurückgekehrt war, sie würde sicher nichts dagegen haben, dass ich erst am Mittag auftauchte. Für den Coelho, den ich »ein andermal« zurückgeben würde und deshalb wieder mitgebracht hatte, und den Lyrikband von Cecilia fand ich einen besonderen Platz im Bücherregal. Dann erst fuhr ich meinen PC hoch. Mein Herz klopfte, die Energie schoss in der Erwartung einer Mail von ihr nun vollständig in mich zurück. Und sie hatte eine kurze Mail geschickt. »Das Geschenk dieser Tage war wunderschön. Und ich träume schon von Berlin. Aber erst muss ich nach Madrid zurückfinden …«

»Lucía, du fehlst mir so sehr«, antwortete ich, »mein Körper – und nicht nur der – schreit nach dir.« Ich hätte fast noch viel mehr Kitsch geschrieben, schaffte kaum, mich zu zügeln, fügte noch einen Kitschsatz an: »Du hast in mir etwas Wildes zum Leben erweckt.«

Ich schickte die Mail weg.

Berlin ist gar nicht so aufregend, wie du es dir vorstellst, dachte ich, aber ich schrieb gleich eine zweite Mail, »ich würde mich sehr freuen, dir von Berlin zu zeigen, was ich liebe. Berlin ist riesig und aufregend. Und ich werde spanische Bücher lesen. Und natürlich muss ich arbeiten, muss ja leben …«

Im Büro drängelte Sabine mich, doch etwas zu erzählen. Sie würde schon nichts verraten. Sabine sprach gerne über Alltagskatastophen von anderen, über zerbrechende Beziehungen und heimliche Verhältnisse. Ihre zwei, oder waren es drei?, Freundinnen in verschiedenen Städten wussten, soweit sie mir angedeutet hatte, nichts voneinander. Und immer ging ihr die Arbeit vor. »Ich bin nicht beziehungstauglich«, sagte sie von sich, ehe sie wieder über die Arbeit redete. Lange konnte man sie nicht in ein Gespräch verwickeln, in dem sie etwas aus ihrem Privatleben preisgab. Doch ich wollte es Sabine nicht erzählen. Ich fürchtete, die Intensität zu zerstören, wenn ich jemandem wie Sabine von Lucía erzählte. Andererseits drängte es mich, etwas von meinem Glück teilen zu können, aber nicht mit Sabine, die das, glaubte ich, nicht von Herzen interessierte, sondern allein als lustige Anekdote. Aber vielleicht täuschte ich mich in ihr. Es war nett, mit ihr während der Arbeitzeit zu plaudern. Aber das mit Lucía war mir auf eine selbst für mich nicht klar begründbare Weise heilig. Als würde ich einen Zauber auflösen, würde ich zuviel erzählen. Es war etwas wie Aberglaube. Ich sagte nur, »ich hatte ein schönes heimliches Wochenende, möchte aber nicht darüber reden.« Nur meine Bitte, dass sie doch, sollte es zufällig zu einer Begegnung kommen, Bea nichts davon andeuten möge, auch niemand anderem, wiederholte ich.

»Du kannst dich auf mich verlassen«, sagte sie.

Ich wusste, das stimmt. Sabine hielt ihre Versprechen, egal was das war.

So gerne sie auch über Heimlichkeiten und Bosheiten anderer redete, hatte sie doch noch nie mit mir so konkret über andere geredet, dass es wie Verrat aussah, auch wenn ich natürlich oft ahnte, um wen es sich handelte.

Ich erinnerte die Anzeigenkunden an die Abgabe, denn es war tatsächlich bisher nicht eine einzige Vorlage angekommen, und schaute alle fünf Minuten nach meinen E-Mails. Auch wenn ich wusste, dass es im weiteren Umkreis des Platzes, auf dem der Zirkus stand, kein Internetcafé gab, hoffte ich auf ein paar Worte von ihr. Doch es kam den ganzen Tag über keine Antwort auf meine Mails.

Als ich zuhause war, vertiefte ich mich in Cecilias Gedichte. Ich brauchte Sex, sofort, ich brauchte Lucía, jetzt hier. Ich machte es mir selbst und stellte mir Lucía vor, wie sie mir den Holzdildo reinrammte. Ich sah uns beide wie im Film, Porno pur, ich auf Knien, ihr den Arsch hinreckend, sie packt mit der einen Hand kräftig in meine Arschbacken, sodass rote Flecken auf dem weißen Arsch bleiben, mit der anderen treibt sie mir den Dildo hinein, ihre Muskeln spielen, die Eidechse wird größer und wieder kleiner und ich kam und schrie in meiner Berliner Wohnung. Bei Bea seufzte ich. Ich muss Bea anrufen! Eigentlich hatte ich sogar Lust, sie zu sehen. Ich rief sie an, wir verabredeten uns für den nächsten Abend.

»Lass uns doch noch mal zum Spanier gehen«, schlug ich vor, »wir müssen ja nichts essen, aber der Wein schmeckt mir dort so gut.«

*

Auch Mittwoch kam keine Mail von Lucía. Ich war unruhig geworden. Hatte ihr, bevor ich in das Lokal aufgebrochen war, noch ein paar sehnsuchtsvolle Worte geschrieben, dachte mir im Moment des Abschickens, vielleicht ist das der falsche Ton, vielleicht fühlt sie sich bedrängt, vielleicht denkt sie, die Chance sei nicht wirklich groß, dass wir uns wiedersehen, trotz ihres Berlintraums, und es sei besser, Abstand zu halten – ich bekam Schweißausbrüche vor Sorge, dass sie genau das denken würde – und schickte sofort eine sachlich klingende Mail hinterher, in der ich ihr von einem Berlinfilmfest erzählte, in das ich mit Freundinnen gehen würde – sie sollte bloß nicht denken, ich wäre hier einsam!

Bea umarmte mich zur Begrüßung, stellte sich vor mich hin, sah mich an und sagte, »du siehst erholt aus. Du scheinst dich inzwischen ausgeschlafen zu haben nach deinem anstrengenden Festival? Wie war es denn so?«, fragte sie, während wir uns setzten.

»Ich mag ja Lyrik, also es war schon ganz nett für mich.« Ich gab in etwa das wieder, was mir Sabine erzählt hatte, aber fügte eine Dichterin hinzu, die nicht dort gewesen war: Cecilia. Amerikanerinnen und ein portugiesischer Dichter waren dabeigewesen, da hätte doch auch eine aus einem spanischsprachigen Land eingeladen gewesen sein können. Und im selben Moment dachte ich, ich muss Sabine nach den Organisatoren des Festivals fragen, vielleicht könnten sie Cecilia wirklich einmal einladen. Wir bestellten »Pimientos de padron« zum Wein, und ich erzählte begeistert von Cecilias Gedichten.

»Oh, du klingst ja richtig verliebt«, meinte Bea.

Ich lachte und sagte, »es ist echt sehr selten, dass mich Gedichte so sehr ansprechen. Aber schon vom ersten, was sie auf Spanisch las, dann die Übersetzerin auf Deutsch«, es gibt keine Übersetzung, »war ich vollständig hingerissen, also: ich habe mich in Gedichte verliebt! Die Autorin war auch nett. Aber ich habe nicht viel mit ihr geredet, nur ein Buch gekauft und mir signieren lassen, es ist auf Spanisch, auf Deutsch gab es noch nichts von ihr außer diesen extra fürs Festival übersetzten Texten …«

»Und wie war es mit Sabine?«

»Och, es war ok, ich habe den Büchertisch betreut und auch zwei Gedichte vorgelesen, weil sie meinte, es sei schöner in zwei Stimmen …«

Hoffentlich würde Bea niemals jemanden treffen, der auch auf diesem Lyrikfestival gewesen war!

»Und wo habt ihr geschlafen?«

»Die hatten so eine billige Pension für die Teilnehmerinnen, ich durfte zu Sabine ins Doppelzimmer …«

»Und, wie war es so mit der Chefin in einem Bett?« Die Frage klang nicht nur nach Scherz.

»He, da war nichts«, sagte ich empört. »Außerdem waren es zwei Einzelbetten mit Nachttischchen dazwischen …«

»Na ja, das muss ja nicht hindern«, sagte sie, »aber ich meinte es doch nur als Witz. Du verstehst meine Witze wieder mal nicht … du und Sabine im Bett ist nur einfach eine unterhaltsame Vorstellung.«

»Ich musste doch öfter schon mal zu Veranstaltungen mit …«

»Klar. Weiß ich doch.«

Dann redeten wir eine Weile über Beas Arbeit, die in diesem Jahr anstehenden Wahlen, die neuesten Filme und über das Festival mit einer Auswahl an aktuellen Filmen über Berlin.

»Lass uns doch ein, zwei Filme davon anschauen«, schlug ich vor. »›Neue Filmkunst aus Berlin‹ – ist doch sicher interessant!« Ich hoffte, Lucía Spannendes über Berliner Filme mailen zu können. Hatte sie sich nicht für einen Berlinfilm interessiert? Bea ist Filmfreak und geht gerne und oft ins Kino. Es machte keine Mühe, sie, auch wenn es sich um vielleicht anstrengend anzuschauende »Filmkunst« handelte, zu Kinobesuchen zu überreden.

Nach zwei, drei Rotwein gingen wir zu mir, sahen noch Stern-TV und den Anfang eines langweiligen Films. Dann fielen wir ins Bett. Sex schien sich Bea für heute nicht ausgemalt zu haben, wir schliefen aneinandergekuschelt ein, das heißt, Bea schlief sofort ein und ich blieb noch eine Weile lang wach, weil ich mit mir rang, ob ich wieder aufstehen sollte, den PC hochfahren und nach den

Mails schauen, doch Beas gewohnt ruhiger Atem ließ auch mich wegdämmern.

Im Einschlafen sagte ich mir, morgen wird eine Mail da sein. Sicher schreibt sie, bevor sie die lange Schiffsreise zurück aufs Festland antreten wird. Wann war das schon wieder? Sollten sie am Sonntagnachmittag ihre Abschiedsvorstellung haben und dann Dienstag aufs Schiff nach Cadiz gehen?

Ich hatte einen seltsamen Traum. Ich träumte, dass ich und meine Schwestern mit Lucía in einem der Zirkuswagen reisten. Lucía sah ich inmitten einer Menge von Kindern, mit denen sie arbeitete, die sie neckten, die sie mochten. Wir erreichten eine Insel namens Claire. Claire heißt eine meiner langjährigen Freundinnen, die ich schon seit Studentinnenzeiten kannte. Sie lebte seit langer Zeit nicht mehr in Berlin, sondern in Amerika. Wir mailten uns in Abständen. Doch ich hatte ihr lange nicht mehr geschrieben. Wieso kam der Name Claire in meine Träume? Lucía war auch auf der Insel Claire noch mit den vielen Kindern beschäftigt, sie übte Stücke mit ihnen ein, und immer lag eines der Kinder in meinen Armen wie das Löwenbaby an unserem ersten Morgen.

Meine Schwestern kicherten und Lucía kam und legte mir ihre schöne große Hand beruhigend um die Hüfte. Das Kind, das ich in den Armen hielt, war sehr klein, ein Baby, es konnte seinen

Kopf noch nicht selbstständig heben. Doch zu meiner Überraschung sprach es. Es erzählte von Lucía, von einem Gewicht, das sie trage. Doch das Gewicht sei ein Geheimnis, das Kind müsse mich darüber im Dunklen lassen. Ich sah Lucías Hand weiter zärtlich auf mir, als ich einschlief in einem fremden Bett, das sich in das Bett des Wohnwagens verwandelte. Und dann sah ich auf der Insel Claire dieses Bett aus dem Wohnwagen, das mit der dunklen Bettwäsche, und mich aus der Ferne, auf dem Bett war ein See, das Laken schwamm darin und ein riesiger Fluss floss aus dem Bett hinaus, eine Treppe hinunter zu mir hin. An dieser Stelle erwachte ich.

*

Beim Frühstückskaffee sagte Bea, »kannst mir ja mal die Übersetzungen von diesen Gedichten geben, die dir so gut gefallen haben. Oder haben sie davon keine Ausdrucke gemacht?«

O Schreck.

»Die muss ich erst suchen, keine Ahnung, wo ich die Papiere, die ich da eingesammelt habe, hingetan habe. Ich such sie dir zum Wochenende raus.«

Das war eine Aufgabe für den Rest der Woche! Warum hatte ich nicht gesagt, es gebe keine Ausdrucke! Ich verstand von Cecilias Gedichten längst nicht alles, doch die Teilsätze, deren Sinn ich begriff und aus denen ich mir das Ganze zusammenreimte, hatten mich im Wohnwagen und auch hier beim Lesen in eine Stimmung gebracht, die mich jetzt wieder erfasste – allein, weil Bea mich nach Ausdrucken fragte. Die Gedichte, ich weiß nicht, wie ich es beschreiben soll, rührten mich, einmal hatten sie mich sogar zu Tränen getrieben. Vielleicht klängen die Texte, sobald man sie vollständig verstand, nur banal oder schwülstig oder waren gänzlich abstrakt. Aber sogleich freute ich mich darauf, sie zu übersetzen. Ich hatte noch nie Literatur übersetzt. Seit Langem mal wieder eine neue Aufgabe! Etwas, das mich herausforderte. Eigentlich war mein Spanisch nicht wirklich gut. Lucía hatte sich meist bemüht, nicht zu kompliziert zu formulieren und langsam gesprochen. Sobald sie mit anderen plauderte, hatte ich nur noch Bruchteile verstanden. Ich werde Lucía sofort mailen, dass ich ein paar Gedichte von Cecilia übersetze, dachte ich, darüber wird sie sicher glücklich sein. Sie nahm an, ich hätte hier großen Einfluss auf Literaturveröffentlichungen – dass ich vor allem Assistenzdienste leistete und Anzeigen requirierte, hatte sie nicht genau verstanden. Aber mit der Beschreibung »ich arbeite für eine erfolgreiche avandgardistische Literaturzeitschrift«, damit konnte sie etwas anfangen.

Bea und ich brachen zu unseren Jobs auf und verabredeten uns, am Samstag zu diesem Berlinfilm-Festival zu gehen.

Als Erstes schaute ich in meine privaten Mails. Keine Mail von Lucía. Wieso schrieb sie nicht? Ich konnte mich nicht mehr auf meine Arbeit konzentrieren, wusste, es nutzte nichts, wenn ich mailte und mailte doch noch einmal, versuchte, nicht aufgeregt oder erwartungsvoll zu klingen, sondern schrieb nur etwas über die eklige nasse Kälte hier und dass ich mich bei der Arbeit langweilte.

Dann schrieb ich noch eine zweite Mail und erzählte ihr, dass ich planen würde, ein paar der Gedichte Cecilias zu übersetzen. Mit den Übersetzungen könnte ich versuchen, sie einer Literaturzeitschrift anzubieten.

In einer weiteren Mail erzählte ich ihr von dem Traum.

Cecilia mailte ich auch.

Erst am Samstag kam Antwort. Ich war bis dahin fast durchgedreht.

Sabine fragte Freitag in unserer Kaffeepause besorgt nach, ob ich krank sei. Oder, das würde sie ja vermuten, ob mein Techtelmechtel Probleme mache, ich solle es ihr doch erzählen, das würde helfen!

Freitagabend war ich der Überzeugung, Lucía wollte durch ihr Nicht-Reagieren Schluss machen. Sie hatte wahrscheinlich doch eine feste Freundin, wenn nicht unter den Zirkusleuten, so in Madrid, und da sich die Rückreise näherte, erschien es ihr am einfachsten, nicht mehr zu mailen. Ob ich sie anrufen sollte? Sie hatte betont, sie würde mailen. An ihr Telefon ging sie nicht oft, meist ließ sie es im Wohnwagen liegen, nur wenn etwas vorkam wie mit Cecilia, ging sie ans Telefon. Sie war der Typ, der einfach bei ihren Freunden vor der Tür stand. Dass sie so geradlinig war, hatte mich besonders beieindruckt. Nicht immer endlose Debatten am Telefon darüber, was man unternehmen solle und so weiter. Nein, sie fuhr hin und war da. Das Telefon brauchte sie dazu nicht. Und ihre Freunde schienen das gewohnt zu sein. Überall war sie gastfreundlich empfangen worden. Doch ich hielt es nicht mehr aus. Am späten Abend, etwa zu der Zeit, zu der sie nach der Abendvorstellung mit Abschminken beschäftigt sein konnte, kurz bevor sie vielleicht in die Bar gehen würde, rief ich an. Nicht einmal eine Mailbox. Das Telefon war ausgeschaltet. Eine Stunde später probierte ich es noch mal. Das Telefon war immer noch aus. Zehn Minuten danach ein drittes Mal. Nichts.

Ich konnte lange nicht einschlafen.

In der Nacht träumte ich wieder von ihr. Ich besuchte ein Konzert. Vielleicht war Bea mit mir dort. Plötzlich kam jemand auf die Bühne, sagte, er bedauere, die berühmte Pianistin sei krank geworden. Aber sie hätten Ersatz. Und dann betrat Lucía die Bühne.

Als ich unausgeschlafen meine Mails abholte, waren drei Mails von Lucía da. Und eine von Cecilia. Ich wartete einen Moment, bevor ich sie öffnete, so aufgeregt war ich, so euphorisch von einer Sekunde auf die andere. Ich kostete die Vorfreude aus.

Lucía erzählte, dass sie die letzten Tage in der Nähe des Zirkus geblieben sei und sich heute von einem der Kollegen ein Auto geliehen habe, weil sie unbedingt noch ein paar Freundinnen besuchen wolle. Denn die Rückreise nach Madrid stehe bevor. Sie besaß ja kein Auto! Das hatte ich ganz vergessen. Trotz guter Busverbindungen war es nicht mehr so einfach für sie, irgendwohin weiter weg vom Zirkus zu kommen.

»Wir müssen nun abwarten«, beendete sie diese Mail, »und sehen, was das Schicksal uns noch schenkt.«

Und sie antwortete auf meine Mail, in der ich ihr von dem Traum erzählt hatte.

»Ein schöner Traum!« Sie verstehe nichts von der Interpretation von Träumen. Aber er suggeriere

Zärtlichkeit. Und es stimme wirklich. Sie habe eine lange Zeit mit Kindern Theaterstücke eingeübt. Es habe viel Spaß gemacht. Cecilia hatte ihr diesen Job vermittelt. »Und du regst mich an. Vielleicht ist es eine gute Idee, dass ich nach dem Zirkus versuche, wieder eine Arbeit mit Kindern zu finden.«

Ich berichtete ihr den Traum auf heute, dass sie aufgetaucht sei als Pianistin, und fragte, ob sie Klavier spielen könne.

Auf meine Mail mit der Idee, Cecilias Gedichte zu übersetzen, antwortete sie am ausführlichsten. Sie schrieb eine lange kluge Lobeshymne auf die Texte. Die könnte ich als Rezension nehmen, dachte ich, falls ich Cecilia Sabine zum Übersetzen empfehlen oder die Veranstalter von Lyrikfestivals für eine Einladung gewinnen wollte.

Cecilia schrieb, dass sie sich sehr über meine Idee freue. Dass es die erste Übersetzung eines ihrer Texte in eine andere Sprache sei.

*

Wie froh ich war! Ich glaube, wenn Lucía nicht gemailt hätte, hätte ich Bea an dem Samstagabend nicht sehen können. Hätte eine Entschuldigung erfinden müssen. Dass ich mir den Magen verdorben habe und das am besten allein auskurieren könne. Wenn ich mich nicht wohl fühle, ist es mir lieber, allein zu sein und mich nicht bemuttern zu lassen, das wusste Bea. Doch jetzt konnte ich leicht und frei zu unserer Verabredung gehen. Die Berlinfilme waren anstrengend. Wir gingen noch etwas trinken und versuchten, die Botschaft zu entschlüsseln.

Ich hatte mich auf das Warten auf Lucías Mails konzentriert und dabei vergessen, dass ich die Gedichte übersetzen wollte. Doch Bea hatte ebenso vergessen, nach den Ausdrucken zu fragen. Wahrscheinlich täuschte sie nur mir zuliebe Interesse vor, denn sie las nie Gedichte. Deshalb war es so schnell vergessen. Ich nahm mir vor, die Gedichte trotzdem bald zu übersetzen.

Erst am Montag erhielt ich wieder eine Mail von Lucía. Klavierspielen könne sie leider nicht. »Wie machst du es, dass du dich an deine Träume erinnerst? Mir gelingt das nie.« Und sie erzählte, dass der Zirkus Caracol am Samstag nach der letzten Vorstellung wie üblich am Ende einer Saison sein großes Abschiedsfest für die Zirkusleute gegeben hatte. Es gab Wein und Essen im Überfluss. Danach rauchten sie noch einen Wahnsinnsjoint. Ein Rausch de puta madre sei es gewesen. Den ganzen Sonntag habe sie geschlafen.

Es sei gut, fügte sie in einer zweiten Mail hinzu, manchmal vollständig die Kontrolle zu verlieren. Sich hinzugeben an alle nur ausdenkbaren Genussmittel.

Ich dachte darüber nach, ob ich für sie auch ein Genussmittel war.

*

Am darauffolgenden Wochenende besuchte ich meine Mutter. Bea hatte keine große Lust mitzukommen, das war mir recht.

Seit dem Tod meines Vaters vor vielen Jahren lebte meine Mutter allein in dem Reihenhäuschen in Langen. Mein Vater hatte es kurz vor seinem Tod noch geschafft, auch die letzte Rate zu zahlen, und sie sagte jedes Mal, wenn ich oder eine meiner Schwestern sie besuchten: »So viel wir uns gestritten haben, jetzt würde ich ihn doch so gerne wiedersehen!«

Wir kochten zusammen. Beim Essen erzählte sie mir von der Frau, die zweimal die Woche kam, um ihr zu helfen, von deren Kindern und Problemen, und dass sie sich immer lange mit ihr unterhalten würde.

»Aber sag, was ist mit dir? Ich habe das Gefühl, dir brennt was auf der Seele.«

Und da berichtete ich ihr. Es sprudelte aus mir heraus. »Ich habe dich doch mal angerufen von meinem Urlaub aus und dir von einem Zirkus und einer Lucía erzählt. Das ist noch nicht beendet.«

Ich erzählte ihr von Lucías Offenheit anderen gegenüber, ihren Freundschaften mit Menschen über viele Jahre hinweg, ihrer beflügelnden Kraft. Von meinen Gefühlen. Auch vom Sex, nicht alles natürlich. Dass ich mich hin- und hergerissen fühle. Bea und mein Leben hier und eine andere Welt. Dass ich mich manchmal frage, ob ich in einer anderen Welt und mit einer anderen Frau … – obwohl ich nicht sicher sei, ob die sich das auch vorstellen könne – aber sogar unabhängig von dieser Frau, dass ich mir Gedanken darüber mache, ob ich anderswo neu anfangen könne. In einer Welt mit mehr Licht, heller, mit lautem, temperamentvollen Leben, weniger geordnet. Mir komme selbst Berlin manchmal so gedämpft vor. Besonders im Winter. Das viele Grau habe sogar mich schon depressiv werden lassen. Lucía sei eine sehr temperamentvolle Frau – ich erzählte meiner Mutter Details, die ich selbst bisher noch nicht wahrgenommen oder reflektiert hatte – von der ich das Gefühl hätte, gefordert zu werden, mit der ich mich noch einmal entwickeln könne. Und was Besonderes sei, dass wir uns so gut unterhalten können! Trotz der anderen Sprache, in der ich noch keineswegs zuhause sei, würden wir intensiv miteinander reden können, über Bücher, über Philosophisches, über Liebe und Leben und Politik. Aber andererseits würde ich Bea mögen, ihre rührende Zuverlässigkeit, und sie trinke auch nicht mehr zu viel! Mit Bea könne ich mir vorstellen, alt zu werden. Mit ihr vor dem Fernseher sitzen und sich lustig machen über schlechte Sendungen, Gesellschaftsspiele spielen, alles das, was die Zeit auf angenehme Weise vertreibt und woraus das Leben nun mal zum großen Teil bestehe. »Aber mit Lucía habe ich seit Langem mal wieder erfahren, dass es eine Intensität gibt, die darüber hinausgeht ...«

An dieser Stelle unterbrach meine Mutter den langen Redefluss, »meinst du nicht, dass es nur etwas Sexuelles ist. Denn das hält, das weißt du doch schon, nicht ewig.«

Ich fühlte mich ertappt und sagte, »ja, der Sex mit ihr ist traumhaft, das stimmt. Aber es ist mehr als Sex.« Ich hörte mir selber zu, und ich wusste, so klingen Trivialiäten. Illustriertenweisheiten. Wenn mir jemand Ähnliches erzählte, reagierte ich wie meine Mutter. Hier die Nette, aber Langweilige für die Liebe im Alltag, dort wilde Abenteuer. Das aufregend andere Leben. Auf der einen Seite Ungewissheit, die Möglichkeit eines neuen Lebens, die Glücksgefühle des Abenteuerlichen, eines Aufbruchs. Kein Wunder, dass mich manches mit Lucía an meine Kindheit und an die Zeit der Pubertät erinnerte. Auf der anderen Seite Sicherheit, die Aufgehobenheit in lang Vertrautem. Es stimmte, auch wenn es trivial war. Wiederholten sich ähnliche Konflikte mit der Liebe, mit dem Leben nicht immer wieder und in jeder Generation? Was mich an Lucía band, war vielleicht wirklich in erster Linie der Sex. Aber ist nicht guter Sex etwas, das zum Lebensglück ganz entscheidend beiträgt? Ich redete eine Weile darüber, dass guter Sex und Lebensglück für mich zusammengehören würden.

Aber es war auch ihr Schwung in allem. Wie sie durchs Leben stob. In Lethargie verfallen könne man mit ihr nicht, sagte ich zu meiner Mutter. Wie aufmerksam Lucía auf Menschen zuging, wie genau sie sich die Lebensgeschichten sehr vieler Freunde merken konnte und auch nach Jahren noch an deren Leben wirklich interessiert war und Dinge wusste, die die anderen früher beschäftigt hatten und jetzt beschäftigten, die ich in vergleichbaren Situationen längst vergessen haben würde

Meine Mutter war eine Frau, die immer alles unterstützt hat, was ihre Kinder machten. Sie hat zwar auch uns immer gesagt, wenn ihr etwas nicht passte und sie manches nicht nachvollziehen konnte, aber sie stand grundsätzlich auf unserer Seite. Sie hat sich wirklich für die Dinge interessiert, die wir machten. Sie sagte mir nun, was sie kürzer schon bei unserem Telefongespräch ausgedrückt hatte, »Anna, ob du wirklich noch einmal neu anfängst oder ob du so weitermachst, wie du bisher gelebt hast, beides sind Möglichkeiten. Du kannst nicht wissen, welche die bessere ist. Wenn du dich entscheidest, musst du dem Weg nicht nachtrauern, den du nicht nicht gegangen bist. Pass auf, dass du nicht den Halt verlierst! Ich habe manchmal noch immer Angst um dich. Ich weiß, du bist schon lange erwachsen! Ein Gefühl der Aufgehobenheit ist auch wichtig, nicht nur die Aufregung des freien Falls. Du weißt ja, dass ich bei Johannes geblieben bin. Wir sind eine andere Generation, aber das war nicht der einzige Grund. Vielleicht war es einfach meine Trägheit. Oder … Ach, eigentlich möchte ich ihn gerne bald wiedersehen!« Sie sah sehr einsam aus. Sie fügte noch hinzu: »Falls deine Lucía wirklich einmal nach Berlin kommt und ihr Zeit findet für eine Reise, besucht mich doch mal.«

Sie klang so, als würde sie nicht glauben, dass Lucía je nach Berlin käme.

*

Auf dem Rückweg nach Berlin ging mir das Gespräch im Kopf herum. Wie kam ich dazu, mit meiner Mutter über Dinge zu reden, über die ich selbst nichts wusste, über die ich so noch nicht nachgedacht hatte. Mir fiel ein, dass Mutter in der Zeit, in der Alex und ich zusammen waren, ich aber zugleich in einer anderen Affäre steckte, sogar einmal einen Brief an Alex geschrieben hatte, weil sie sich Sorgen um mich machte. Sie bat sie, mich nicht zu verlassen. Ich würde so oft meinen Gefühlen folgen und geriete an den Abgrund. Ich brauche jemanden, der mir Halt und Geborgenheit gebe, ohne zu eng an mir zu kleben. Ich sei sonst in Gefahr, mich zu verlieren. Sie solle doch Geduld mit mir haben. Meine Mutter hatte das Gefühl, Alex sei genau die eigenwillige, selbstständige Person, mit der ich es im Leben aushalten könnte, freiheitsdurstig wie ich in ihren Augen war. Ich würde schon zu Alex zurückkehren. Ich bin auch nach meinen exzessiven Eskapaden immer wieder zu Alex zurückgekehrt. Wir trennten uns erst lange nach dem Brief, als Alex und ich beide zugleich in andere Richtungen gingen, in der Liebe, im Leben. Doch noch immer habe ich zu Alex eine gute Verbindung, während andere Frauen ganz aus meinem Leben verschwunden sind.

Stimmte es denn überhaupt? Wollte ich ernsthaft darüber nachdenken, zu Lucía zu gehen? Nach Madrid. Oder auf die Inseln. Was würde das nicht alles bedeuten! Ich müsste überlegen, was ich dort für einen Job machen könnte. Vielleicht so etwas wie Auslandsredakteurin einer Zeitschrift? Aber das gab Sabines kleines Literaturmagazin nicht her! Ob mich eine andere Zeitung nehmen würde? Vielleicht das einzige große Lesbenmagazin

Deutschlands? Aber die können sich das sicher auch nicht leisten. Oder irgendein Frauenmagazin à la Brigitte? Da könnte ich über In-Themen aus Madrid berichten und etwas Queeres einschleusen. Aber so wenig, wie ich mich für Mode interessierte, undenkbar! Reisemagazine? Eigentlich könnte ich doch einfach das, was ich für Sabine machte, von überall aus machen, ich muss ja nicht unbedingt von ihrem Minibüro neben der Berliner Wohnung aus arbeiten. Könnte also einfach den Job behalten. Aber hatte ich nicht schon lange die Nase voll von den Assistenzarbeiten bei Sabine? Sprachlehrerin? Deutschkurse für spanische Studenten geben? Dazu müsste ich selbst perfekter Spanisch sprechen … wie lange würde es dauern, das zu lernen? Schade, dass ich keine Studentin mehr war. Die machen heutzutage alle Auslandsemester und bekommen Stipendien. Und was passiert im Winter, wenn sie wieder mit dem Zirkus reisen sollte? Vielleicht bekommt sie einen Job als Schauspielerin an einem Theater und muss nicht mehr reisen. Obwohl es zu ihr passte, das Leben im Wohnwagen. – Aber es ist doch Unsinn, überhaupt nur andeutungsweise darüber nachzudenken, spinne ich eigentlich? Ich kannte Lucía gerade mal vier, fünf Wochen, davon waren wir keine zehn Tage zusammen gewesen. Es ist doch nichts weiter als eine typische Urlaubsliebe! Vergiss es! Ich will sie wiedersehen! Bald! Ich muss es schaffen, beides zu leben! Als ich in Berlin angekommen war, drehte sich mir der Kopf vom idiotischen Hin- und Herwenden der Gedanken um Lucía. Vergiss es, sagte ich mir noch einmal. Wie hatte Lucía in ihrer E-Mail geschrieben, »abwarten, was das Schicksal uns noch schenkt.« So sollte ich das auch sehen!

*

In der kommenden Woche ging das Magazin in Druck, danach hätte es eine kurze Zeit lang stressfreier bei der Arbeit zugehen können. Doch Sabine bemerkte am Tag der Druckabgabe, ich solle gleich für die nächste Nummer mit der Anzeigenaquise beginnen. Das sei die Sommernummer, dafür sei es doch immer besonders mühsam, genug zusammenzubekommen! Außerdem könne ich mich bemühen, kleinere Literaturfestivals im Internet zu recherchieren und mich umhören, ob es dort die Möglichkeiten von Präsentationen gäbe.

»Kann das nicht die Praktikantin machen?«, nörgelte ich. Ich hatte mir Ruhe gewünscht, denn ich hatte heimlich während der Arbeitszeit mit der Übersetzung von Cecilias Gedichten begonnen.

»Nein«, sagte Sabine, »die hat anderes zu tun!«

Dank »Leo« brauchte ich kein auffälliges Wörterbuch auf meinem Schreibtisch. Ich arbeitete weiter an den Übersetzungen und mailte Lucía, etwas über meine Arbeit hier. Dass Sabine eine Frau sei, die ununterbrochen arbeite, auch nachts. Und versuchen würde, mich einzuspannen. Aber dass ich trotzdem an der Übersetzung von Cecilias Gedichten sitze.

In dieser Nacht träumte ich wieder von Lucía. Wahrscheinlich träumte ich jeden Tag von ihr, konnte mir aber die Träume nur merken, wenn ich mitten im Traum aus dem Schlaf gerissen wurde.

Ich träumte meine Abreise aus Gran Canaria. Dass der kleine Steinstrand, an dem ich auf dem Weg gebadet hatte, überfüllt war von kanarischen Familien. Ball spielende, singende und plärrende Kinder. Ich dachte im Traum auch, typisch, die Steinstrände sind für die einheimischen Familien, die schicken Sandstrände für die Touristen. Als ich meinen Weg fortsetzte, bemerkte ich, dass ich meinen kleinen Koffer, in dem alles war, auch mein Geld und die Ausweise, an dem Strand vergessen hatte, ich kehrte um, wollte nach dem Koffer suchen, fand ihn nicht, er lag woanders, am Rand des Wassers, ging in ein Café und wieder vergaß ich dort etwas, kehrte um, ineinandergeschachtelte Ereignisse des Vergessens folgten, bis ich endlich in der Wartehalle des Flughafens saß. Als die Passagiere aufgerufen wurden einzusteigen, realisierte ich, dass ich schon wieder meinen Koffer im vorigen Saal vergessen hatte, rannte zurück, holte den Koffer, rannte zum Einsteigeterminal. Ich war die Letzte, außer mir noch ein einziger Passagier, und wir sahen das Flugzeug draußen auf der Startbahn davonrollen. Wir wollten hinterherrennen, da verwandelte sich die Startbahn in Wasser und das Flugzeug in ein Schiff und fuhr schwankend an uns vorbei und versank. Der zweite Passagier entpuppte sich als der Seiltänzer des Zirkus. Er sagte zu mir, er würde nie wieder fliegen, und folgte dem Schiff und verschwand. Und dann träumte ich im Traum, es wäre ein Traum gewesen und ich erwachte und Lucía wäre da, ich erzählte ihr die Geschichte meiner Vergesslichkeit und sie antwortete mit einer Unmenge Geschichten über das Vergessen und über verlorene Dinge und wir lachten sehr.

Am Freitagabend mailte Lucía kurz, dass sie angekommen sei. Ich wusste, wie lange die Reise dauerte, und war diese Woche nicht mehr beunruhigt gewesen, keine Mails zu erhalten. Ich antwortete und fragte, wie es ihr in Madrid gehe.

Samstag besuchte mich Bea. Wir hatten uns ein, wie sie es ausdrückte, »vollständig freies« – damit meinte sie, keine Arbeit, kein PC – Wochenende vorgenommen. Samstagabend aßen wir entspannt miteinander, ausnahmsweise kochte ich und versuchte mich in einem scharf gewürzten Gemüseeintopf, Bea sagte: »ich hätte ein bisschen Speck angebraten und etwas Hackfleisch dazu gegeben, Speck bringt Geschmack.«

Sehr nett! Aber das oder Ähnliches sagte sie immer, wenn ich kochte. Wenigstens sagte sie diesmal nicht: »Das ist aber maschig!« Ich lachte und sagte, »ich hatte keine Lust auf Fleischliches.«

»So, so«, meinte sie, »aber ich hätte heute mal Lust auf dein Fleisch …«

Wir gingen ins Bett. Heute also hatte Bea sich etwas ausgedacht. Sex mit ihrem Dildo. Wir hatten es ewig nicht mehr gemacht. Sie hatte alles dabei, zog ihr Harness an und packte das blaue Teil hinein. Ich hatte keine Lust, ließ mich aber darauf ein, sie küsste sanft, streichelte sanft und intensiv zugleich, dass es mich leicht erregte, bevor sie eindrang. Sie war über mir, ich sah in ihre blauen Augen, sah ihren so vertrauten Gesichtsausdruck, den sie immer hatte, wenn sie mich mit ihrem Dildo vögelte, und ich konnte nicht kommen. Ach Bea, es tat mir leid. Ich versuchte an Lucía zu denken, aber auch damit gelang es mir nicht.

»Sonst magst du es doch mit Dildo?«, fragte sie, als sie merkte, dass ich mich nicht hingeben konnte.

»Ich weiß auch nicht«, antwortete ich, »ich bin heute wohl nicht drauf für Sex …«

Sie zog sich die Teile wieder aus, es war traurig anzusehen, wieder einmal hatte einer ihrer Tagträume nicht funktioniert.

Doch sie kuschelte sich an mich und sagte, »dann lass uns einfach so ein bisschen knutschen.« Ich nahm sie in den Arm, wir küssten und streichelten uns und schließlich brachte ich sie zum Orgasmus, dann lagen wir Rücken an Bauch. Kurz vor dem Einschlafen drehte sie sich zu mir um und sagte, »du fühlst dich manchmal so fremd an.« Nun war ich traurig.

Als Bea am Sonntagmorgen Brötchen holen ging, schaute ich schnell in meinen Outlookordner und fand mehrere Mails von Lucía.

»Hallo, geliebte Anna«, »geliebte« hatte sie bisher noch nie geschrieben, »nach fast sieben Monaten im Wohnwagen und auf Reisen von einem Ort zum anderen fühle ich mich desorientiert, wie ein Schnuller im Arsch. Ich weiß weder, was ich machen, noch, wohin ich gehen soll. Ich glaubte, es wäre gut, von Fiesta zu Fiesta zu fliegen, mich in einen Taumel aus Wein und Zerstreuungen zu flüchten. Doch nein, es half nichts. Auch die mordsmäßige Anstrengung, die das Unterwegssein war, zeigt sich jetzt. Alle Knochen schmerzen. Ich bin wie gelähmt, völlig fertig. Ich werde mich aufraffen und mir Massagen verschreiben lassen. In einer Woche spätestens wird es mir sicher wieder super gehen!!«

Dass sich Lucía so schwach fühlen konnte!

»Ich freue mich auf Berlin«, schrieb sie einer zweiten Mail, »aber es wird noch etwas dauern!«

Eine andere Mail war ein halber Roman, zwei Seiten lang, sie klang, als wäre Lucía beim Verfassen bekifft gewesen, sie schrieb surreal-romantisch und unkonkret, wie anspruchsvolle, aber schwer verständliche Literatur.

Als ich mich in einem ähnlichen Ton mit der Antwort versuchte, hörte ich Bea die Tür aufschließen. Ich setzte schnell noch ein »fuerte besos« unter den Text, schickte ihn halbfertig ab und ging aus dem Outlook-Programm, obwohl ich noch nicht alle Mails von Lucía gelesen hatte. Den PC runterzufahren schaffte ich nicht mehr.

»Musst du doch schon wieder am Sonntag arbeiten?«, fragte Bea. »Ich dachte, den Tag hätten wir mal ganz für uns, ohne Sabine oder was weiß ich, was du da zu tun hast.«

»Ach, ich habe nur kurz in meine Mails geschaut«, sagte ich, »eher privat. Ich war neugierig, ob Andrea ihr Kind bekommen hat.«

Andrea war mir spontan in den Sinn gekommen. Eine gemeinsame Bekannte von uns beiden, wir schrieben uns ab und zu und sie war hochschwanger.

Bea hakte nicht weiter nach, schaute aber etwas misstrauisch. Ich musste mich den restlichen Sonntag über sehr zusammenreißen, meinen PC ausgeschaltet zu lassen.

An die Gedichte dachte sie nicht. Ich nahm mir vor, ihr trotzdem irgendwann einmal einen der Texte, die ich zu übersetzen geschafft hatte, vorzulesen.

Montags im Büro öffnete ich als Erstes die übrigen Mails von Lucía. Sie schickte mir noch philosophische Bemerkungen über die Krise, die auch in Madrid angekommen sei, und den dort beginnenden Kampf gegen das gesichtslose Monster »Kapitalmärkte«. Zu meinem Bericht über Sabine notierte sie, »die wird noch mal umkommen vor Arbeit. Oder gibt es etwas, das sie mehr mag, als sich so umzubringen? Wie kann es nur sein, dass es den Deutschen so gut gefällt, immer so viel zu arbeiten!?«

Ich hatte das Gefühl, Sabine verteidigen zu müssen, und schrieb, dass die Arbeit ihre Leidenschaft sei. Sie sagte immer, dass sie nachts arbeite, weil sie sich dem Zeitschriftenmachen dann ungestört vom Alltag hingeben könne.

»Aah!«, mailte Lucía sofort zurück, sie saß wohl auch am PC, »Leidenschaft hat immer freie Bahn!«

*

Lucía und ich mailten uns die nächsten Wochen unregelmäßig.

Fast jede Nacht, die ich allein schlief, ließ ich den Kurzporno mit Lucía in mir ablaufen und bereitete mir ohne große Umstände, mit Klitstimulation, schnelle Orgasmen zum Einschlafen. An einem Abend hatte sie ziemlich anmachend geschrieben und beendete die Mail damit: »Jetzt würde ich gerne Telefonsex mit dir machen! Aber ich telefoniere nicht, weißt du ja! Ich mache einfach Sex und stell mir dich dabei vor. Und du machst dasselbe und so ficken wir miteiander! Mail mir kurz, ob du das machst, wenn du gerade online bist, das macht mich an!« Ich war quasi ununterbrochen online, außer wenn Bea da war oder ich schlief. Egal, was ich machte, ich eilte in kurzen Abständen zum PC, um nachzuschauen, ob was gekommen war, und das seit Wochen.

Ich mailte zurück: »Du hast mich scharf gemacht, ich geh jetzt ins Bett und machs mir und denke an dich« Es kam noch eine Antwort von ihr, ein langer Satz, vermutlich spanisches Sexvokabular, das im Wörterbuch und auch bei Leo nicht auftauchte, wie ich später feststellte. Besonders dieser einer Satz, den ich nicht verstand, erregte mich sehr. Diesmal gönnte ich mir ein kleines Fest, machte eine Flasche Rotwein auf und nahm den rotierenden Vibrator, der zugleich Klit und G-Fläche reizen konnte, ewig hatte ich den nicht mehr benutzt. Am Anfang experimentierten Bea und ich damit, aber ließen es bald. Ich wurde sehr nass, sehr geil und kam heftig. Mehrmals. Hinterher, in der Tristesse nach zu vielen Orgasmen, fragte ich mich, ob sie da gerade mit einer anderen Sex gemacht hatte und mich einbeziehen wollte? Oder, schlimmer, eine andere damit hatte scharf machen wollen. Ich mochte mir nicht vorstellen, dass sie überhaupt mit anderen ins Bett ging. Klar, ich schlief mit Bea, aber schließlich kannte ich Bea ewig, das war keine Einschränkung der Lust mit ihr. Aber mir umgekehrt vorzustellen, dass sie irgendeine hätte, mit der sie … dass sie doch auch eine Freundin hätte. Oder dass sie vielleicht gerade eine Neue kennengelernt hatte, mit der sie solche Spiele spielte. He, ich kenne da eine aus Deutschland, komm, die heizen wir mal an, macht dich das scharf, wenn ich ihr maile, was wir jetzt gleich miteinander machen werden? Ich nahm mir vor zu versuchen, die letzte Mail zu übersetzen. Falls ich es nicht im Wörterbuch finden würde, es gibt ja Internetforen für alles. Oder würde ich, wenn ich das kopierte und bei Google eingäbe, nur auf einer hässlichen Pornoseite laden? Ich schlief ein, während ich noch darüber nachdachte.

*

Ich plante ihren Berlinbesuch. Lucía in meiner Wohnung. Das wäre so schön! Würde mir etwas einfallen, ihre Anwesenheit zu erklären? Die Wohnung war groß genug für Besucher, zweieinhalb Zimmer. Könnte Lucía eine Autorin aus Sabines Umfeld sein, die hier lesen oder von Sabine mit Verlagsleuten zusammengebracht werden sollte? Sabine konnte oder wollte sich keine Pension leisten, sie brachte alle Gäste privat unter, auch bei mir hatte sie zu Lesungen in Berlin schon oft Autoren einquartiert. Und wenn Lucía länger bliebe, könnte ich ja mal einen Tag weg, Bea besuchen. Aber Bea hatte einen Schlüssel. Sie kam zwar so gut wie nie, ohne sich anzukündigen, sie wusste, ich mochte es nicht, ohne Vorwarnung aus meiner Privatsphäre herausgerissen zu werden, aber manchmal kam sie eben doch.

Ich musste etwas erfinden. Alex! Alex hatte, als wir zusammen waren, selbst auch genügend Affären gehabt und sich schon gewundert, dass ich und Bea angeblich so ganz ohne gelegentlichen Sex mit anderen auskamen … vielleicht fiele Alex etwas ein. Plötzlich bekam ich Angst. Sollte ich es Bea vorher erzählen? Aber sie würde zusammenbrechen, fürchtete ich immer wieder. Ich kann es nicht erzählen, ich liebe sie doch auch. Offenheit ist nicht immer gut. Es berührt sich nicht, also muss nicht immer alles erzählt werden. Lucía bald Berlin zeigen zu können erfüllte mich mit riesiger Vorfreude. Ich verfiel in Tagträumerei, eigentlich Beas Ressort, und malte mir genau aus, wohin ich mit ihr gehen würde, wen besuchen, nicht allzu viele, wegen der Querverbindungen zu Bea, aber Sabine und Alex könnte ich ihr schon vorstellen. Ich ging manchmal in Kreuzberger Cafés und Bars, die ich besonders mochte, und es war fast so, als wäre Lucía schon da, ich sah sie neben mir, hörte ihre Stimme, wie sie dieses und jenes kommentierte und mit den jeweiligen Kellnerinnen zu flirten versuchte, mit dem wenigen Englisch, was sie konnte – aber fürs Flirten reichte es sicher. Freudige Erregung breitete sich in mir aus. In anderen Momenten allerdings fürchtete ich mich. Konnte das gut gehen? Wie lange würde sie bleiben können? Wäre das nicht ein noch größerer Verrat an Bea? Im Prinzip geriet ich in einem ziemlich angespannten Dauerzustand, einer Mischung aus beidem, aus freudiger Erregung und aus Furcht. Manchmal wurde ich sogar depressiv, vielleicht nicht unbedingt depressiv, aber doch melancholisch, um dann wieder in Euphorie zu fallen, in die Aufregung der Vorfreude auf einen Besuch von ihr.

Lucía hatte zwischendurch immer wieder über Berlin geschrieben.

»Berlin ist für mich eine mythische Stadt. Ich habe eine unerschöpfliche Neugier auf alles, was mit Berlin zusammenhängt. Wenn ich nach Berlin komme, könnte ich so viel verbinden, Filme sehen, Ausstellungen, Theater – und dich kennenlernen in deiner Welt! Meine immense Neugier befriedigen! Ich hoffe, du empfindest mich nicht als unverschämt, wenn ich mich für eine Weile bei dir einlade?«, ich sah sie grinsen. »Ich hatte dir glaube ich schon von dem alten Film erzählt, der mich interessiert, Walter Ruttmann, ›Berlin: die Sinfonie der Großstadt‹. Eine Bekannte hat mir erzählt, dass es eine aktuelle Adaption davon gebe, von einem deutschen Fotografen«, den Namen wusste sie nicht. »Wenn du diese Filme besorgen könntest … darüber würde ich mich sehr freuen. Dann schauen wir sie zusamme an! Ich schicke dir heiße saftige Küsse. Und grüße die Hauptstadt des Kabaretts!«

Ein anderes Mal fantasierte sie darüber, in Berlin ein Bücherspektakel zu inszenieren. Eine Bühne nur aus Büchern, Boden, Wände, Möbel, alles Bücher, ein Stück über das Lesen und über eine Auswahl klassischer und zeitgenössischer Romane, jedoch gespielt ohne Sprache, ausschließlich als Pantomime. »Du hast doch sicher Kontakte zu Theatern. Ich habe so viele Ideen … mein Traum, einmal eine Weile lang in Berlin zu arbeiten.« Ich hatte kaum Kontakte zu Theatern, schrieb ihr das aber nicht, sondern dachte darüber nach, wer Theaterleute kennen könnte. Ich las alle

Theaterkritiken in »Tip« und »Zitty« und schaute die aktuellen Programme durch, um mich inspirieren zu lassen, an welche Theater wir uns überhaupt wenden könnten mit ihrer Idee.

Andere Mails klangen trauriger, desillusionierter. Sie hatte noch immer keinen neuen Job.

Dann wieder die Euphorie einer möglichen Reise nach Berlin. In einer E-Mail malte sie aus, wie sie mit einem alten R4, den sie sich in Madrid für wenig Geld organisiert hatte, nach Berlin führe.

Ich antwortete, von ihrer Begeisterung angesteckt, in einer langen Mail. Bewunderte sie für die Abenteuerlust, im R4 durch Spanien und Frankreich reisen zu wollen! Behauptete, ich würde ein Kabarettprogramm besuchen und danach könne ich vielleicht Kontakte vertiefen! – Ich schrieb »vertiefen« und nicht »knüpfen«. Vielleicht hat Bea auch Lust, ich werde sie fragen, es gab sicher genug, was wir anschauen könnten. – Und Cecilias Gedichte werden veröffentlicht! – Ich hatte zwar noch nicht mit Sabine gesprochen, war mir aber sicher, dass sie mir den Gefallen tun würde.

Lucía freute sich. Cecilia könne vielleicht auch nach Berlin kommen, mailte sie ein paar Tage später. Wenn die Zeitschrift präsentiert wird. Sie habe Cecilia geschrieben. Sie sei so glücklich über ihre erste Veröffentlichung in einer anderen Sprache, sie fühle sich wie »ein Kind mit neuen Schuhen«!

Ich verabredete mich mit Alex und erzählte ihr bei einigen Bier im »Melitta Sundström« von Lucía. Dass ich eine tolle Frau kennengelernt habe, aber mein Verhältnis zu Bea nicht gefährden wolle, nur weil ich mich auf eine Affäre einlasse. Doch berichtete ich auch Alex bei Weitem nicht alles. Ich nannte ihr, ohne darüber nachzudenken, nicht einmal Lucías Namen. Die Einzige, die wirklich mehr von Lucía erfuhr, blieb noch immer meine Mutter.

Alex lebte in einer riesigen alten Wohnung in Neukölln. Wir entwickelten die Idee, dass es so aussehen könnte, als würde auch ich dort wohnen. Ich solle ein paar persönliche Sachen in ihrem Gastzimmer deponieren, Bücher, CDs, natürlich den Laptop, so als wäre das mein Zimmer in einer WG, meinte Alex. Sie freue sich schon, meine spanische Liebhaberin kennenzulernen! Und selbstverständlich hielte sie dicht, allen gegenüber.

Ich malte mir aus, was ich in Alex' Gastzimmer mitnehmen würde. Ich richtete das Zimmer im Kopf für Lucía ein. Radio, CD-Player, viele Bücher, ich dachte auch darüber nach, eins der kunstvolleren Urlaubsfotos von »meiner« Insel vergrößern zu lassen und neben Plakaten von Konzerten an die Wand zu pinnen. Ich kam mir vor, als würde ich aus dem Elternhaus ausziehen und das erste Mal ein eigenes Zimmer gestalten.

*

Lucía mailte, dass sie endlich einen kleinen Job gefunden habe, eine Rolle in einem Dreiteiler, in einer trashigen Telenovela, sie spiele Gefängniswärterin.

Ich schlug vor, sie könne ja zuerst auch einmal ein Wochenende nach Berlin kommen, wenn sie jetzt einen Job hätte. Ob ich nach Billig-Flügen schauen solle? Denn jetzt, nach dem Gespräch mit Alex, hielt ich das Warten nicht mehr aus. Dass sie endlich käme. Dass ich sie endlich wiedersähe.

Sie reagierte nicht auf diese Frage, mailte andere, wenn auch sehr romantisch-erotische Dinge.

Der Juni näherte sich. Mit Bea lief alles in seinem Rhythmus, wir trafen uns, aßen zusammen, schauten Tatort, Anne Will und gingen ins Kino. Auf Theater oder Kabarett hatte Bea keine Lust. Und natürlich übernachteten wir miteinander. Ich träumte neben Bea von Lucía, auch, als wir einmal in der Zeit Sex machten, brauchte ich Lucía und meinen kleinen Privatporno, um zu kommen. Meine Sehnsucht, Lucía wiederzusehen, wurde von Tag zu Tag größer. Sie schrieb nur, sie wisse nicht, wann sie wegkönne aus Madrid. Demnächst müsse sie das kleine Haus und den alter Kater einer Freundin hüten, Sängerin einer Rockband, die einige Wochen auf Tournee gehe.

Ich versuchte, mir in meinen Mails die Enttäuschung nicht anmerken zu lassen und stöberte nun nicht mehr nach günstigen Berlinflügen, sondern nach günstigen Madridflügen. Für Anfang Juni gab es etwas bei easyJet. Ich traute mich nicht zu buchen, ohne Lucía vorher gefragt zu haben. In beiläufigem Ton schrieb ich: »Zufällig habe ich einen günstigen easyJet-Flug nach Madrid entdeckt, fast geschenkt! Wenn du magst und es in der nächsten Zeit nicht nach Berlin schaffst, könnte ich dich kurz besuchen. Ich krieg sicher frei!«

Umgehend kam ihre Antwort: »Das ist ja ein wunderbares Geschenk von easyJet! Das Haus von Naira ist sehr schön und hat einen tollen Blick Richtung Madrid! Ich werde dir Madrid zeigen!« Ich buchte die Variante Dienstag bis Samstag. Der Flug ging Dienstag sehr früh und Samstag erst am Spätnachmittag zurück. So würden es fast fünf Tage sein!

Und dann recherchierte ich die Berlinfilme, von denen sie erzählt hatte. Es gelang mir, beide zu bestellen, den alten, restaurierten von Walter Ruttmann und den neueren von Thomas Schadt.

Erst am nächsten Tag sagte ich es Sabine. Ich müsse Urlaub nehmen, nächste Woche, ab Dienstag, dem dritten Juni. Sie moserte, das gehe nicht, etwas länger vorher hätte ich das schon ankündigen müssen, sie würde mir ja immer alle Urlaubszeitwünsche erfüllen, aber wer solle denn die Präsentationen nächste Woche in Magdeburg betreuen? »Du wolltest doch fahren! Und hast du denn genug Anzeigen für die nächste Nummer zusammen?« Die Sommerausgabe war gerade in Druck gegangen und für die nächste ist nun wirklich noch genug Zeit!, dachte ich. »Ich schaffe das schon mit den Anzeigen, es sind doch nur ein paar Tage. Es geht nicht anders! Es gibt ein so günstiges Angebot nach Madrid. Kannst du mir bitte noch einmal helfen! Du schaffst die Präsentation sicher auch ohne mich, nimm doch die Praktikantin mit. Und bitte sag Bea, falls sie je fragen sollte, was ich nicht annehme, so etwas in die Richtung, dass ich die Madridreise machen müsse, um ein paar der Autorinnen, die du für die übernächste Nummer dabeihaben wolltest, zu kontaktieren. So was hast du zwar noch nie gemacht, aber könnte ja mal passieren. Die Flüge sind superbillig, 29,90 Euro einer! Das könnte doch auch dich verführen, wenn es was bringt für die Zeitschrift!«

»Aha, dann läuft deine supergeile Affäre noch! Wie ist die geheimnisvolle Frau denn so?«

Ich antwortete ausweichend, »da gibt's nicht viel zu erzählen!«

»Das glaube ich dir nicht! Also gut, wenn es sein muss, dann hast du halt Urlaub. Und holst das nachher aber nach! Und ich mache eben die blöde Präsentation in dem Kaff selbst. Obwohl ich mich darüber ärgere, das muss ich dir schon sagen!«

Ich erzählte es Bea am Samstag.

»Oh, schon nächste Woche! Aber du hast doch genau in der Zeit Geburtstag! Da kommst du ja erst am Tag nach deinem Geburtstag zurück! So können wir am sechsten gar nicht miteinander feiern, das ist aber schade! Soll ich nicht schauen, ob ich freibekomme und mitkommen kann?«

O Schreck! Aber ich war so hochgeputscht und voll Spannung, dass mir wie immer in der ganzen Zeit mit Lucía schnell genug eine Antwort einfiel.

»Ist doch vielleicht zu stressig für dich, das jetzt so kurzfristig zu organisieren. So wichtig ist mein Geburtstag nicht. Wir feiern nach, sobald ich zurück bin. Ich steh doch eh nicht so auf große Partys, schon gar nicht bei einer krummen Zahl wie dreiundvierzig. Außerdem hat Sabine wohl schon vor einer Weile irgendwelche Günstigflüge gebucht, das ist jetzt sicher viel teurer. Und sie hat mir auch reichlich Arbeit aufgehalst! Die nutzt mein mittelmäßiges Spanisch aus! Sogar zum Goetheinstitut soll ich gehen und versuchen, denen eine Präsentation ihres ach so tollen Magazins zu verkaufen …«, ich hörte gar nicht mehr auf zu reden. Nebenher dachte ich, das könnte ich vielleicht wirklich probieren. Wäre doch ein Anlass, in absehbarer Zeit noch einmal nach Madrid zu reisen. Überhaupt, auch das dachte ich in dieser Sekunde, ich werde mich umhören, ob es eine Überlebensmöglichkeit für mich in Madrid geben könnte. Ich ließ mir nichts anmerken. Arme Bea! Dass ich ihr nichts andeutete, zeigte, dass ich sie lebte und ihre Liebe nicht velieren wollte, versuchte ich mich vor mir selbst zu rechtfertigen. Alles war offen. Und vielleicht würden beide Leben und beide Lieben gehen, das wäre das Ideale … und wenn ich je aufbreche, dann würde ich … wie weit ich schon wieder vorausdachte, viel zu weit! Es geht doch nur um ein paar Tage mit Lucía. Und davon muss Bea nichts wissen … aber wenn es eines Tages doch um mehr ginge, dann würde ich mit der Zeit einen Weg finden, es Bea sanft nahezubringen. Sie müsste nicht erfahren, dass ich schon jetzt … Aber will ich denn wirklich? Nein ich will mich doch nicht wirklich von Bea trennen … Bea unterbrach meine Gedankengänge. »Ich höre schon, du reißt dich nicht gerade darum, dass ich mitkomme … na, vielleicht möchtest du mal ein kleines Abenteuer erleben. Dann erkundest du eben Madrid alleine und wir fahren irgendwann einmal zusammen hin. Und du hast recht, es ist nicht einfach, in der Buchhandlung die Schichten kurzfristig zu tauschen. Ich denk mir was Schönes aus zum Nachfeiern!«

»Ja, klar, ich check mal günstige kleine Hotels und dieses nette schwullesbische Viertel«, von dem hatte auch Bea schon gehört.

An diesem Abend las ich ihr eines der Gedichte von Cecilia vor.

Auf die Karussellmacher

Weißes Pferdchen
meines Kampfs,
Papierherz
rosa Veilchen.
Schaumkristall,
Schmetterling.
Rosenkranz aus hundert Küssen
der Morgendämmerung,
der Olivenbäume,
der maßlosen Laken,
der Augen,
der Lerchen.
Geografie der Lässigkeiten
Porzellanvögelchen.
Ohne weitere Zeiten
oder Verben
als
Morgendämmerung und dich lieben.

»Das ist ja wirklich nett«, sagte sie, »klingt nach Liebesgedicht. Aber so richtig was mit Gedichten anfangen kann ich nicht, das weißt du ja … du hast es auf jeden Fall mitreißend vorgetragen!«

Meist war es Bea, die mir vorlas. Oft beim Autofahren. Artikel aus dem Spiegel oder satirische Kurzprosa.

Als ich das Gedicht vorlas, packte mich Aufregung und die Vorfreude, dass ich es auch Lucía vorlesen würde. Dass sie einmal etwas auf Deutsch hörte. Meine Stimme, das spürte ich selber, hatte ein seltenes Timbre. Und ich machte Pausen. Meist las ich ziemlich nuschelig. Sabine meckerte öfter nach Veranstaltungen. Ich wollte ja auch nicht lesen, konterte ich, ich könne das nicht!

Ich war an diesem Wochenende gerne mit Bea zusammen, dachte auch beim Sex nicht an Lucía, musste es mir nicht einmal verbieten, was ich sonst – meist vergeblich – versuchte. Nein, auch mein Körper war dieses Mal bei Bea. Ich hatte ein Gefühl enormer Freiheit. Beides würde möglich sein. Heute mit allen meinen Sinnen bei Bea. Und nächste Woche bei Lucía!

*

Ich war aufs Äußerste gespannt. Wie würde sie in Madrid, außerhalb dieser für mich märchenhaften Zirkussituation sein? Wie war sie im Alltag in ihrer Stadt? Würde ich auch ihre Wohnung kennenlernen, selbst wenn wir, weil sie das Haus dieser Freundin hüten musste, nicht dort sein würden?

Sie hatte mir nie von ihrer Wohnung geschrieben. Ich war neugierig. Wie wohnte sie? Eng und vollgestopft oder luftig und hell? In einem der netten Viertel von Madrid? Die waren sicher teuer. Würde es sein wie im Wohnwagen, karg, nur das Nötigste, jedoch viele Bücher und CDs? Würde sie auch in ihrer Wohnung schwarze Bettwäsche haben?

Sie habe Proben für diese Miniserie, mailte sie, aber würde vielleicht einen Tag schwänzen. Freitag und Samstag seien diese Woche keine Proben. In Madrid sei immer Leben, wir könnten auch nach ihrer Arbeit noch viel machen.

Sie holte mich ab. Stand in weißem Unterhemd und roten Shorts an der Sperre. Die Haare hatte sie etwas kürzer geschnitten. Sehr sexy. Als ich ihre Oberarme sah, ihre Eidechse, war ich sofort erregt. Ich sehe sie und werde geil, unmöglich! Wie freute ich mich auf die erste Berührung. Sie war es, meine geliebte Lucía, ganz unverändert.

»Es ist sehr heiß hier«, meinte sie, »über dreißig Grad! So wie im August, obwohl wir erst Anfang Juni haben.«

Ich war viel zu warm angezogen. Wir küssten uns, umarmten uns und hielten den Strom der Ankommenden auf, weil wir im Weg standen.

»Wie schön«, sagte sie, »wie schön, dass du dich mir wieder schenkst! Dank an easyJet!« Sie winkte Richtung Schalter.

Sie schlug vor, dass ich auch hier einen Leihwagen nehmen solle. »Ich habe kein Auto.«

»Hattest du mir nicht von einem alten R4 geschrieben?«, fragte ich. Das Auto, mit dem sie nach Berlin reisen wollte.

»Der ist schon kaputt.«

Ich nahm einen Leihwagen. Wieder fuhr sie. Es herrschte höllischer Verkehr auf der Autobahn von Bajaras Richtung Zentrum und viele fuhren wie Lucía, drängen sich rein, hupten, bedrängten von hinten, ließen andere nicht rein. Lucía fuhr auf, überholte, scherte ein und quer hinaus, gleichzeitig redete sie auf mich ein, wie der Verkehr schien mir auch ihr Reden viel schneller und härter als auf den Inseln, ich verstand fast nichts. Hatte ich mein Spanisch in Deutschland verlernt? »Ach entschuldige«, sagte sie schließlich, »ich muss mit dir ja langsamer sprechen.« Sie zeigte mir im Vorbeifahren berühmte Plätze, Puerto del Sol, den Retiropark, Plaza España, sicher fuhr sie Schlenker, dass ich schon auf dieser ersten Fahrt viel anschauen konnte, ich nahm es kaum wahr, ich sah sie und eine vorbeirasende Stadt. Wir fuhren die lange Gran Vía und Calle de la Princesa mitten durchs Zentrum. Ich fürchtete mich, verstand sie vielleicht auch deshalb kaum. Einmal war ich sicher, dass wir auf das Auto vor uns knallen würden. Endlich kamen wir aus der Stadt und dem starken Verkehr hinaus in eine verwinkelte Gegend mit kleinen Häuschen. Sie sagte, »hier rechts, kleiner Kreisel, wieder rechts, in der Straße ist das Haus. Kannst ja, wenn ich probe, in die Stadt fahren, ich zeige dir heute Abend ein schönes Viertel! Aber jetzt ist es viel zu warm für Stadt. Nach der Mittagpause fahr ich mit der Metro. Wie schön, dass du hier bist!«

Wir stiegen aus. Die Hitze war gewaltig nach dem klimatisierten Auto. Lucía schloss die Tür eines der kleinen Häuschen auf, zwei Stockwerke, unten ein Zimmer mit viel Technik, Fernseher, Spielkonsole, Musikanlage. Auf einem Regal standen vor Bücherreihen einige Fotos von einer Frau mit Afrofrisur und einem wild aussehenden Typen, »Naira ist hetero«, erzählte Lucía, »sie ist mit einem aus ihrer Band liiert«. Eine Küchenzeile in der Ecke des Raums. Oben Schlafzimmer und Bad. Das Schlafzimmer bestand aus einem riesigen Bett und einem Schrank. Auf dem Bett zusammengeknäuelt eine bunte Überdecke aus vielen Flicken und ein zartgelbes Laken als Decke. Ein weißer Kater schlief in einem Sonnenspalt auf dem Laken. Lucías winziges Radio aus dem Wohnwagen stand neben dem Bett und lief. Das war das Einzige, das an den Wohnwagen erinnerte. Auch wenn sie weg war, hatte sie im Wohnwagen immer das Radio laufen lassen. Sie fühle sich mit den Geräuschen von Stimmen oder Musik aufgehobener, wenn sie von einer Vorstellung oder irgendwoher zurückkomme, hatte sie mir erklärt. Aus fast zugezogenen hellen Vorhängen an großen Fenstern warf die Sonne eine leuchtende Spur quer durch das Zimmer bis ins Bad.

»Das ist Bobin!«, sagte Lucía und streichelte den Kater. »Und schau dir erst mal Nairas Bad an! Das werden wir nutzen!« Nairas Bad war eine runde riesige Doppelbadewanne mit Massagedüsen, Dusche und ein winziges Waschbecken, alles in zartem Blau und Rosa. Eine Unmenge verschiedener Badezusätze in allen denkbaren Pastelltönen stand herum. Es kam mir bekannt vor. Später realisierte ich, dass ich es auf dem Foto von ihrem Sohn gesehen hatte.

»Schick!«, sagte ich. »Und wo ist das Klo?« Eine schmale Tür neben dem Bad führte zum Klo, es war weit weniger luxuriös und kaum größer als eine Flugzeugtoilette.

»Das Bad hat sie sich von ihrer letzten Tourneegage geleistet. Ich spiel dir nachher eine ihrer CDs vor. Aber jetzt machen wir erst mal Siesta. Es ist so heiß!« Das Radio ließ sie leise weiterlaufen. Sie hatte sich schon Hemd und Shorts heruntergerissen, mehr trug sie nicht.

Ich pellte mich aus der klebenden Jeans und sagte, ich müsse in das Luxusbad, mich duschen, ich sei so geschwitzt!

»Nein, komm her, ich habe dich doch so lange nicht gesehen, ich habe nichts gegen deinen Schweißgeruch!« Ich hatte mich zwar kurz vor Landung in der engen Flugzeugtoilette noch frisch gemacht für sie und mit einem zitronigen Parfum besprüht. »One Summer«, ich hatte mich verlocken lassen, es im Flugzeug zu kaufen. Doch nach den paar Minuten Hitzeschock auf dem Weg zum Parkplatz war nichts mehr davon übrig. Und dazu die Fahrt samt Angstschweiß der einen Sekunde, in der ich sicher war, dass wir jetzt auffahren würden, als der vor uns, dem wir an der Stoßstange hingen, abrupt bremste und sie nur lachte und sagte, ich bremse doch auch. Ich stank. Meine Lust war in dieser Unsicherheit untergegangen. Eine Kurzzeitliebhaberin hatte vor vielen Jahren einmal mit leicht angeekeltem Blick zu mir gesagt: »Ich glaube, dein Deo hat dich verlassen.« Das war mir im Kopf. Da hatte sie mich schon zu sich gezogen, auf das zartgelbe Laken geworfen, ihre heißen Glieder um mich geschlungen, ihre schweißfeuchten Titten an meine gepresst und ihre Hand glitt zwischen uns. Bobin sprang unwillig vom Bett. »Na, das macht auch mal Spaß, dich öffnen zu müssen«, meinte sie, und drang mit zarter Gewalt ein, doch mein Widerstand, meine Unsicherheit aufgrund des Geruchs verschwanden schnell, sie bemerkte es und setzte nach, »das ging aber schnell, du kleine geile Maricona, meine süße Panocha!« Und wir liebten uns, der Schweiß spritzte und der weiße alte Kater Bobin döste gelangweilt auf dem Teppich.

»Jetzt geh ich kurz duschen«, sagte sie, nachdem auch wir nach dem Sex eine Runde geschlafen hatten, »ich komme nach der Probe erst einmal zurück und dann gehen wir aus … Wenn du Lust hast, was zu unternehmen, hier ist ein Schlüssel. Naira gestattet uns, alles zu benutzen in der Wohnung, sie hat keine Geheimnisse.«

Was sollte ich denn unternehmen? Ich brachte sie zur Metrostation und war froh, dass ich zurückfand, legte mich aufs Bett, in unseren Sex- und Schweißgeruch auf das schon getrocknete Laken und döste mit Bobin, der in meiner Kniekehle schnurrte. Ich fühlte mich zuhause.

*

Später am Nachmittag, in Madrid ging der Nachmittag bis in die Nacht, es war vielleicht schon acht, als es etwas abkühlte, schaute ich mir Nairas Bücher an. Den Titelbildern nach zu urteilen las Naira vor allem Horrorschinken und Liebesromane, natürlich auf Spanisch. Ich nahm mir einen der dünneren, das waren die Liebesromane, und versuchte zu lesen. Unverständlich! Ich fing einen anderen an, doch der hatte noch längere und, soweit ich verstand, ausufernd blumige Sätze. Ich konnte mich nicht konzentrieren und döste vor mich hin, schreckte hoch und mir fiel ein, dass ich diesmal den Coelho vergessen hatte. Gegen neun klingelte mein Handy. Lucía!

»Ausgerechnet heute proben wir länger. Kannst du in die Stadt kommen? Du fährst dieselbe Strecke zurück, die wir gekommen sind bis in die Gegend der Metrostation Gran Vía, da parkst du irgendwo … An der Ecke Gran Vía/Hortaleza ist ein Café in einem kleinen Hotel, das findest du leicht! Da treffen wir uns, in einer Stunde oder etwas später.«

O nein! Mich gleich am ersten Abend allein zurechtfinden müssen! Ich fühlte mich überfordert. Natürlich hatte das Mietauto kein Navi. Ich verfuhr mich sofort, schon in der Vorstadtgegend, und danach noch mehrere Male, bis ich glaubte, nie anzukommen und dann doch endlich am Plaza de España vorbeikam und ihn wiedererkannte. Da steht ein auffälliges Hochhaus. Von da an war es leichter, immer geradeaus, und ich fand sogar einen Parkplatz, in den ich fast nicht mehr hineinkam, so erschöpft war ich von der Fahrt.

Sie saß mit zwei Frauen am Tisch, in ein intensives Gespräch vertieft.

»Hi, meine Berliner Freundin Anna«, stellte sie mich den Frauen vor, »und hier sitzt Augusta.« Die ältere von den beiden, eine kräftige Butch. »Augusta ist Malerin. Wir können morgen auf ihre Ausstellungseröffnung gehen.« Die zweite, noch ziemlich jung, mit riesigen Ohrringen, Goldschimmer im Haar, einigen Piercings und einem kleinen Schmetterlingstattoo auf dem Oberarm, dort, wo sich bei Lucía die Eidechse räkelte, hieß Chaixiraxi. Wie Lucía trug sie Shorts und Unterhemd. Ihren Namen musste ich mir zweimal wiederholen lassen. »Chaixiraxi ist ein Guanchenname, bedeutet etwa dasselbe wie María im Spanischen. Ich bin aus Las Palmas. Meine Mutter fand das cool, uns Ureinwohnernamen zu geben. Ist immer noch in«, die Kleine lächelte, Lucía ergänzte, »Chaixiraxi ist eine Kusine von Cecilia. Willst du einen Wein?«

Sie ging zur Theke, fragte nach einem Glas, sagte dabei etwas zu der schönen jungen Frau am Tresen, sodass diese errötete, kam mit dem Glas zurück und goss mir aus der großen Karaffe ein, die halbgeleert auf dem Tisch stand. Cecilias Kusine mit dem unaussprechlichen Namen lächelte mich ununterbrochen an, sie hatte leicht vorstehende Zähne, was vielleicht dazu beitrug, dass sie aussah, als würde sie dauernd lächeln, Lucía bemerkte es und sagte, »sie ist auf der Suche nach der großen Liebe, stimmt's?«, sie lachte Chaixiraxi an, »und Anna ist eine aufregende Frau …« nun lächelte sie mir zu, »Chaixiraxi ist eine kluge Studentin, sehr zu empfehlen für die Liebe.« Cecilias Kusine schüttelte den Kopf und tippte sich an die Stirn. Sie sah ziemlich anders aus als Cecilia, aber mit einiger Einbildungskraft konnte ich eine Ähnlichkeit erkennen. Die überraschend blaugrauen Augen. So jung. Lucías Witze beunruhigten mich. Seit ich Lucía kannte, reizte mich keine andere Frau, nicht einmal in Gedanken. Ich hatte nur Augen für sie. Nach dem Wein zogen wir zu viert los. Sie zeigten mir Chueca. Wir tranken hier einen Wein, aßen dort eine Tapa, immer draußen, überall trafen Lucía und die anderen Bekannte, das Viertel schwirrte vor umherziehenden Massen, Lachen in der Luft, lautes Reden, Musik aus den Bars, Lesben, eine Augenweide, so viele sexy Madrileñas, auch viele schwarze Frauen und viele Touristinnen aus nördlicheren Ländern, an den kleinen Rucksäcken zu erkennen, ich glaube, nicht eine Madrileña trug einen Rucksack, und viele schwule Männer. Je näher die Gasse mit dem Eagle-Club kam, von dem mir Lucía beim Gehen erzählte, desto mehr Männer und auch viele halbnackte männliche Ärsche waren zu sehen, verpackt in engen Lederchops mit entsprechenden Öffnungen. Lucía in ihren roten schlabbrigen

Alltagsshorts, ihr Hintern sah auch darin sexy aus, und mit ihrem Unterhemd – ich schaute nur sie an, die anderen flossen vorüber, als wären sie Deko für Lucía, meine geliebte schöne Lucía. Sie stoppte am Eagle-Club, sagte, sie kenne den Besitzer, das sei ein Canario, »den muss ich dir unbedingt vorstellen, schauen wir mal, ob er da ist«, und öffnete die Tür. Ich erspähte fickende und an die Wand gefesselte Männer und schaute sofort weg. Sie fragte nach Alexis und nach einer Weile kam ein süßer glatzköpfiger jungenhafter Typ heraus, fast nackt, und wir unterhielten uns mit ihm. Danach zeigte sie mir die Bilder in den Gassen, von innen beleuchtete Schaukästen, in denen ein Sofa zu sehen war, darauf nackte Menschen, alte, junge, Männer, Frauen, Gruppen und Paare, lesbische, schwule und heterosexuelle Paare. Und Frauen mit Masken. Die sind von Alexis, sagte sie. Ich hatte diese Schaukästen, die wirklich unübersehbar waren und an denen wir schon eine Zeit lang vorübergegangen waren, bisher nicht wahrgenommen, da ich nur auf Lucía blickte. Wie sie schnellen Schrittes zusammen mit der schmalen Kusine von Cecilia voraneilte, nebeneinander sahen sie in ihrer ähnlichen Kleidung aus wie Schwestern, Augusta und ich waren langsamer und wir mussten uns bemühen, die beiden nicht zu verlieren, von Bar zu Bar, Gasse zu Gasse. Wie Lucía mit allen flirtete, das kannte ich schon von den Inseln, hier aber erschien sie mir noch energiegeladener, nichts mehr von der Lähmung, von der sie mir geschrieben hatte, war zu ahnen, und nicht nur sie, alles in Madrid schien in dieser ersten Nacht vor maßloser Intensität zu vibrieren. Wie charmant, wie witzig Lucía mit allen war! Wie viele Menschen sie hier kannte! Wie heftig mit ihr alles wurde, jede der vielen kleinen Begegnungen, die ganze so angenehm warme und so laute Nacht. Dass so viele Menschen so lange durch die Nacht zogen. »Du musst erst mal am Wochenende in das Viertel kommen«, sagte Chaixiraxi, »dann ist es viel voller! Alle Schwulen vom Land kommen her.«

Zwischendurch rauchten wir eine selbstgedrehte Haschzigarette, »das Gras von deiner Insel ist zwar viel besser«, sagte Lucía, »aber eine von denen verträgt man schon auch.« Augusta und Chaixiraxi verabschiedeten sich, Augusta sagte noch, »wenn du nicht mehr bei Naira wohnen kannst, kannst du gerne wieder zu mir kommen«, ich nahm das wahr, doch realisierte in dem Moment nicht, was Augusta da eigentlich sagte, sie küssten sich sehr intensiv und dann küsste Augusta mich ebenso intensiv, während die Kusine ein »hey bis bald mal, nett mit euch abzuhängen«, hinwarf und Lucía und ich waren allein in dieser Nacht, in der immer noch Menschenmassen unterwegs waren. Lucía trank einen Kaffee, »dann kann ich vielleicht schlafen«, meinte sie, mir wurde schwindelig, obwohl ich es unglaublich fand, wie wenig Wirkung die vielen Gläser Wein, Manzanilla, Whisky und Gin-Tonic zeigten, die wir in vielen verschiedenen Bars getrunken hatten. Das liegt sicher daran, dass wir dauernd draußen, dauernd in Bewegung waren, dachte ich, konnte aber auf einen Schlag nichts mehr trinken, nicht einmal Wasser. Es war hell, als wir ins Auto stiegen. Sie fuhr sehr langsam, wie immer wenn sie etwas getrunken hatte. Im Haus legte sie noch eine CD mit Liedern von Naira auf. Deren wilde Rocksongs begleiteten uns in den Schlaf, während zugleich das Radio weiterlief, die ganze Nacht.

Wir schliefen keine drei Stunden. Sie war immer wieder aufgewacht, hatte sich hin und her geworfen, war aufgestanden, was ich im Halbschlaf mitbekam, und rausgegangen, doch als der Wecker klingelte, lag sie in dem großen Bett, am äußersten Rand, weit entfernt von mir.

»Wir drehen ein paar Szenen. Komm mittags in die Stadt, das Studio ist nicht weit von Chueca entfernt«, sie beschrieb mir den Weg, »hol mich gegen zwei ab, dann essen wir eine Kleinigkeit. Abends bleiben wir einfach im Haus«, schlug sie vor.

Zwei Abende hintereinander würde sie die Intensität, durch die Stadt zu streifen, also auch nicht aushalten, das erleichterte mich. Keine anderen Frauen, nur Lucía!

Also sie fort war, schaltete ich das Radio aus.

*

Ich fand das kleine Studio verhältnismäßig schnell.

Sie sei in der Garderobe. Der Kameramann führte mich durch einen Raum, der wie ein Gefängnis eingerichtet war, ein Gang, kleine Zellen an den Seiten, zu ihrer Garderobe. Eine enge Kammer, vollgestopft mit Kostümen, Requisiten, Spiegeln, sie war nicht da. »Sie wird sicher gleich kommen«, meinte er, »warte einfach hier.«

Ich wartete eine Viertelstunde. Wurde nervös. Hatte ich mich in der Zeit vertan? Da öffnete sich die Tür. Lucía als Wärterin. Sehr sexy! Ob Gefängniswärterinnen in Spanien wirklich solche scharfen Uniformen trugen? Schwarz, eng geschnitten, mit bunten Streifen auf den Schultern, einem runden Hut, auf dem vorne ein Stern prangte? Und solche Accessoires? Handschellen, Schlagstock?

»Wen haben wir denn hier?!«

Sie drehte den Schlüssel in der Tür.

»Na dann machen wir uns bereit. Ausziehen!«

Sie stand da, Schlagstock drohend auf mich gerichtet. »Los, ausziehen habe ich gesagt!«

»Aber das ist doch nicht rechtens«, versuchte ich zaghaft, das Spiel mitzuspielen.

»Verbrecherinnen haben keine Rechte …« Sie kam den einen Schritt, der zwischen dem Hocker, auf dem ich saß, und der Tür Platz war, auf mich zu. Stemmte die Arme in die Seite. Kein Lachen. Strenger Blick. Sie war Schauspielerin. »Noch einmal sag ich es nicht. Ausziehen! Alles!«

Ich grinste.

»Was gibt es denn da zu lachen?«

Ich zog mich aus. Alles. Sie nahm den Schlagstock. Würde sie mich schlagen?

»Beine breit! Und gib zu, dass du Nutte den Polizeichef ausgeraubt hat. Du wusstest natürlich nicht, dass es der Polizeichef war. Los, gib es zu! Ich bin sicher, in deinem Handtäschchen finde ich, was wir suchen«, sie holte ein knallrotes Minitäschchen aus dem Requisitenstapel, »und lass die Beine breit!«

Ich saß auf dem Hocker, nackt, Beine auseinander. Sie fuhr mit dem Schlagstock an meinem Schamlippen entlang, nur einmal. Ich war längst entflammt. Sie schaute mir mit starrem Blick auf die Scham, auf meine nackten Lippen, zwischen denen es zu glänzen begann. Sie strich über den Venushügel, schlug zart auf die Lippen, machte weiter, stupste und schlug und drehte den Stock an den Lippen, bis ich mich nicht mehr in der Hand hatte, die Schenkel zusammenpresste – »Auseinander«, zischte sie – ich begann zu stöhnen, jammern, versuchte, die Schreie in mir zu halten. »Ruhe«, sagte sie dann. »Hier wird nicht gestöhnt und geschrien! Schau mich an.« Sie zog den Schlagstock weg. Ich schaute hoch in ihr schönes strenges Gesicht. »Gib es zu!«

Sie hätte wohl lieber die Rolle der Polizistin gehabt, Gefängniswärterinnen verhören doch nicht, oder? Ich spielte mit.

»Ja, ich gebe es zu …«

»Was? Aufzählen!«

»Ich habe den Polizeichef ausgeraubt.«

»Und was noch?«

»Ich habe unzüchtig gehandelt«

Was wollte sie hören?

»Was genau hast du gemacht, Nutte! Was hast du mit dem Polizeichef gemacht?«

Ich berichtete. »Na, zum Beispiel französisch und …«

»Genauer!«

»Also, ich habe ihm einen geblasen.«

»Klingt schon besser, und dann, hast du es auch geschluckt?«

Ihh nein, sicher nicht!

»Los sag schon, hast du es geschluckt, Fotze! Schmeckt auch nicht anders als Mösensaft! Schau zwischen deine Beine. Das ist ja ekelhaft. Schau es dir an! Das schmeckt nach Möse!« Ich schaute kurz hinunter, aus mir floss Saft.

»Nein, das mache ich nicht«, stöhnte ich.

»So! Das glaube ich nicht, sicher hast du es getrunken und er war im Glück und genau in diesem Moment hast du in seine Arschtasche gegriffen und ihm das Portemonnaie rausgezogen! Du Nutte! Übrigens haben wir eine Polizeichefin. Du bist auch noch eine Lügnerin! Wahrscheinlich hast du mir deine heimlichen Wünsche erzählt. Ich stelle dir gerne ein paar Typen vor … Und jetzt folgt die Strafe. Strafe muss sein!«

Jetzt lachte sie, ging runter, hielt meine Schenkel auseinander und leckte mich zum Ende.

Dann zog sie die schicke Uniform aus, darunter kamen ihre ollen Shorts zum Vorschein, heute in blau, und eins der Unterhemden. »Jetzt gehen wir was essen!«

Am Nachmittag lief ich durch die Hortaleza und besuchte den schwullesbischen Buchladen, den sie mir in der Nacht gezeigt hatte. Ich kaufte zwei Romane und einen Band mit Gedichten. Als ich den Laden verließ, kam jemand herein, den ich zu kennen glaubte.

Am Abend blieben wir im Haus. Lucía machte uns etwas Essbares aus den Dosen und dem Reis in Nairas Vorratsschrank, wir aßen, während das

Badewasser einlief. Sie hatte verschiedene der pastellfarbenen Mixturen dazu gegeben.

»Geh du schon mal rein«, sagte sie, »ich wasche noch kurz ab.« Voluminöse Schaumberge quollen aus der Wanne. Ich stieg hinein. Wirbelte hellblaue Wasserflecken in den Schaum. Ich lehnte mich an eine der Düsen, meine Titten ragten aus dem Wasser. Als sie hereinkam, nackt, schön, stark, und kurz in der Tür stehenblieb, um mich anzuschauen, merkte ich, wie meine Titten schwollen. Sie bemerkte es auch. »Deine Brüste erwarten mich«, sagte sie und stieg zu mir in den Schaumberg. Ihr schöner Körper im Schaum. Sie konnte wie immer nicht lange ruhig sitzen bleiben, wurde zappelig, drehte sich mit allen erdenklichen Teilen ihres Körpers zu den Massagedüsen hin, einmal, als sie kurz untertauchte und sogar ihr Gesicht massieren wollte, ragte ihr großer Arsch aus dem Schaum, meine Brüste, ihr Hintern, ein lustiges Bild, ich beugte mich vor, zerstörte das Bild und küsste ihren Hintern.

Nachdem wir entspannt und vergnügt aus der Wanne gestiegen waren, setzten wir uns nebeneinander aufs Bett und redeten, an die Wand gelehnt, es war dunkel geworden und wir hatten im Reden gar nicht bemerkt, dass der Vollmond aufgegangen war, der uns beleuchtete. Die Vorhänge waren zurückgezogen. Sie sagte, »wie schön du aussiehst, im goldenen Mondlicht.« Da sah ich ihn erst bewusst.

Wie im Traum. Er war ganz klar und noch dunkelgelb, die Flecken wie Erdteile auf goldgelben Meeren. Wir betrachteten ihn schweigend, innig aneinandergelehnt.

Nach einer Weile sagte sie, »ich habe irgendwo den Satz gelesen ›*Das Mondlicht scheint durch die Spalte des leicht geöffneten Tors hindurch: So stellten sich die Menschen damals einen Zwischenraum vor*‹«, rückte ein wenig ab von mir und wirklich, zwischen uns ein Leuchten.

*

Wir versuchten zu schlafen. Sie konnte wieder nicht einschlafen. Ich hatte den Eindruck, sie wäre jetzt lieber allein gewesen, um sich auszuruhen. »Ich kann in der Hitze immer so schlecht schlafen«, sagte sie schließlich, »schlaf du ruhig, ich geh noch etwas vor den Fernseher.«

Ich brauchte eine ganze Weile, ohne sie einzuschlafen. Das Radio lief. Ich dachte darüber nach, warum Lucía nicht zu mir zurückkam. Ich wurde immer wacher. Das schnelle leise Reden auf Spanisch im Radio machte mich nervös. Wieso ließ sie es dauernd laufen? Von unten drangen Fernsehgeräusche hoch. Dann sprang Bobin auf das Laken und begann laut zu schnurren. Der Mond war jetzt heller und leuchtete grell ins Zimmer. Bobins Herz klopfte viel zu schnell. Ich rückte von ihm weg, machte das Radio aus und schlief im beruhigenden Klang von Bobins Schnurren endlich ein.

Als ich aufwachte, war sie nicht da. Ich ging hinunter ins Fernsehzimmer. Da lag sie, nackt und embryonal zusammengerollt auf dem Sofa, und schnarchte leise.

Beim Kaffee fragte ich, ob sie immer mit laufendem Radio oder vor laufendem Fernseher schlafe. Sie erzählte mir, dass sie vieles von dem, was sie wisse, durch Radiohören gelernt habe. »In diesem Sender bringen sie immerzu spannende Kultursendungen und neue oder klassische Musik.« Popsender würde sie nicht hören. »Im Einschlafen oder wenn ich nachts wach liege, das passiert mir oft, lerne ich am besten, ich habe ja kein Literaturstudium oder so etwas gemacht.«

»Aber du hast doch ein Schauspielerinnenstudium. Dazu musstest du sicher auch viel lernen!«

»Ja klar. Aber bei dieser Ausbildung habe ich anderes gelernt. Pantomime und Stimme. Körperarbeit.«

»Meine Mutter hört auch dauernd Radio«, sagte ich.

Sie hörte ununterbrochen Deutschlandfunk. Auch meine Mutter hatte ein kleines Radio an ihrem Bett stehen. Wahrscheinlich war dieser Sender, den Lucía hier in Madrid hörte, so etwas Ähnliches wie Deutschlandfunk. Manchmal ließ sich meine Mutter sogar Abschriften von Sendungen schicken und schickte sie uns weiter, für jede von ihren drei Töchtern waren es unterschiedliche Sendungen, von denen sie annahm, sie könnten uns interessieren.

Ich würde sie einmal kurz von Madrid aus anrufen, nahm ich mir vor. Ich erzählte Lucía an diesem Morgen noch eine Weile von meiner Mutter und ihrem Radio.

*

Später am Tag zeigte Lucía mir Madrid. Sie war wieder voller Energie. Wir rasten von einer Ecke zur anderen, aßen und tranken zwischendurch immer wieder, und besuchten die Ausstellung von Augusta. Sie erklärte mir, dass Madrid bei Tag und bei Nacht zwei völlig verschiedene Gesichter habe. Spätnachmittags kam sie darauf, dass wir kurz aufs Land fahren könnten, eine befreundete Familie besuchen. In die Kleinstadt Bargas, Richtung Süden. Die Familie war nicht im Haus, und fast wäre sie nach Sevilla weitergefahren, dort kenne sie eine tolle Fotografin, eine Aficionada, die direkt über der Stierkampfarena wohne. Von ihrer schönen begrünten Dachterrasse aus könne man sogar die

Kämpfe beobachten – das würde ich aber nicht mögen, warf ich ein – sie erzählte weiter, von der Fotografin, von Sevilla, von Andalusien, aber das war dann doch zu weit weg.

Auf dem Rückweg, auf der Autobahn, flog uns ein Vogel gegen die Scheibe.

Ich erschrak. Danach packte mich eine kurze Zeit lang das Grauen. Sie sagte absurde Dinge, die ich nicht vollständig verstand. Etwas wie »wenn ein Vogel getötet werde, müsse ein Mensch sterben, irgendwo anders auf der Welt. Denn um zurückzukommen, brauche der Vogel eine neue Seele. Nur Menschenseelen wohnen in Vögeln.« Das klang unlogisch, sicher hatte ich etwas falsch verstanden. Aber mich ergriff eine unerklärliche Angst, die ganze Rückfahrt über. Erst in Madrid verschwand das eigenartige Gefühl, die Stadt hatte mich wieder gepackt.

*

Am Abend führte sie mich in das Café »El Berlin«. »Wenn wir schon nicht in Berlin sind, gehen wir in dieses tolle Jazz-Café.« Gedämpftes rotes Licht, Jazzinstrumente spielende Figuren in die Wände gemeißelt. Kurz vor Mitternacht trat die erste Band auf. Um Mitternacht verriet ich ihr, dass ich heute, am 6. 6., Geburtstag habe. Sie bestellte eine Flasche Sekt. Nach der ersten Band mit neuer Musik trat eine zweite im Stil der zwanziger Jahre auf, wahrscheinlich stellte sich der Cafébetreiber Berliner Clubs der Zwanziger genau so vor. Während die Bands spielten, verstand ich sie kaum und ihr Reden versiegte eine Weile. Als die zweite Band aufhörte und die Musik wieder von CDs kam und in den Hintergrund trat, umarmte und küsste sie mich, »feliz cumpleaños!« Wir redeten bis in die Morgenstunden im Café Berlin, sie sagte mir viele Komplimente in dieser Nacht, aber sie sprach, wenn ich sie richtig verstanden hatte, zwischendurch immer wieder in Sätzen, die mich leise beunruhigten. »Wenn du hier wohntest und Spanisch deine Sprache wäre, wärest du meine ideale Partnerin, wir würden viel gemeinsam auf die Beine stellen können, in einem anderen Leben wären wir zusammen und würden die Welt um uns herum verrückt machen.« Sehr viele Konjunktive. Als könnte sie sich das alles nicht in der Wirklichkeit vorstellen.

»Lucía«, fragte ich, »wolltest du nicht meine Spanischlehrerin werden?«

Sie nickte kurz und erzählte weiter, jetzt von Flamencosängerfamilien, Gitanos und Flamencotiteln, sie fragte mich, ob ich dieses oder jenes Lied kennen würde, ich kannte keines davon.

Konjunktive bildete ich mir ein verstehen zu können. Auch wenn ich mir nie sicher war, wann man welche der zwei Vergangenheitsformen, wann den Subjunktiv benutzte, den ich anfangs für Konjunktiv gehalten hatte. Noch jedes Mal musste ich überlegen und brauchte viel zu lange, um zuerst zu formulieren, dann über Grammatik nachzudenken, zu übersetzen und erst danach zu sprechen. So vermied ich solche Formen und verharrte in meinem schlichten zeitenarmen Gebrauchsspanisch. Vielleicht waren diese Konjunktive, die sie eben benutzt hatte, ja nur eine Zukunftsform. Das Ungewisse.

Lucía wirkte in Madrid ungeduldiger, sie sprach schneller, und hatte, wie mir schien, oft keine Lust, mir zuzuhören, wenn ich in zu wenigen und falschen Sätzen sprach oder zu lange nach Wörtern suchte, und sie korrigierte mich auch nicht mehr oft, damit ich es lernte. Oder etwas ungehalten, als müsste ich es schon können. Aber in dieser Nacht im Café Berlin nach der zweiten Flasche Sekt ging mir das Spanische wieder flüssig von den Lippen. Wir redeten schließlich über Berlin und ich erzählte ihr von den Bars und Cafés und Theatern und von den Transgender- und Dragking-Shows, die ich in letzter Zeit besucht hatte.

»Das alles möchte ich einmal sehen!«, sagte sie.

Sprechen ist ihr doch so wichtig, dachte ich, ich muss die Sprache unbedingt besser lernen!

»Morgen Abend gehen wir in eine Flamencoshow, eine Tochter der berühmten La Pastori tritt auf, die kennst du doch sicher?« Ich kannte sie nicht. »Das wird dir gefallen!« Sie erzählte mir, dass Flamencosängerinnen und -sänger oft Kinder hatten, die Sängerinnen wurden. »Auch die Töchter der berühmten Lola Flores – die kennst du aber?«, ich kannte auch sie nicht, »– was, die kennst du nicht? Das kann doch gar nicht sein! Die ist so berühmt. Die kennt man auch in Deutschland! Also, es gibt Deutsche, die sie kennen, das weiß ich. Lorena hat mit mir in Teneriffa einmal eine deutsche Auswanderin besucht, ich glaube, Alicia war ihr Name«, – wieder bewunderte ich, dass sie sich alle Namen merken konnte, ich behielt kaum einen – »Alicia legte dauernd Lola-Flores-CDs auf. Also, auch Lola Flores' Töchter Lolita und Rosario sind Sängerinnen. Es ist zwar nicht wie bei den Torero-Generationen, die sich wie Dynastien oft Jahrhunderte lang zurückverfolgen lassen, aber zwei, drei Generationen, das gibt es oft.«

Toreros interessierten mich nun wirklich nicht, auch wenn Lucía sich offensichtlich auskannte. Sie hatte mich auf unseren Wegen durch Madrid immer wieder einmal auf Plakate aufmerksam gemacht und gesagt, »bald beginnt die Saison. Der ist wirklich gut!« Ich riss mich zusammen, um ihr keinen Vortrag über Tierquälerei zu halten. Tiere töten, was ein furchtbarer Sport. Er wurde inzwischen sogar in Spanien von vielen Menschen geächtet. Doch solche Vorträge zu halten, das war Beas Metier, nicht meines. Ich hörte Beas Stimme in mir. Lucía sagte, dass die Stiere ein schöneres Leben hätten als das einfache Schlachtvieh, sie wachsen frei auf riesigen Weideflächen auf, als wären sie in der Wildnis. Und das Schlachtvieh hätte sicher auch Angst, bevor es getötet würde. Die Stiere dagegen seien aufgeputscht von Kampfeslust. »Aber ich mag Toreros und Stierkampf eigentlich auch nicht«, ergänzte sie dann. Nur zu meiner Beruhigung?

Als wir um fünf in der Frühe in Nairas Haus ankamen, wieder wurde es hell, sagte sie, »nun müssen wir deinen Geburtstag endlich feiern.« Sie öffnete Nairas Schubladen. »Vielleicht finden wir etwas Schönes zum Spielen.«

Eine Schublade war voll mit schicker Sexunterwäsche und einer Peitsche mit sieben weichen Lederriemen. Lucía, die wie immer, sobald sie das Haus betrat, die Klamotten von sich geworfen hatte und nackt herumlief, nahm eine rote Gummiunterhose mit zwei schwarz gerahmten Löchern aus der Schublade und zog sie an. Die Hose sah ziemlich albern aus, an ihrem außer dem Arsch eher maskulinen Körper. Dann zerrte sie die Peitsche unter der Wäsche hervor, einiges fiel heraus, winzige schwarze Spitzenteilchen, Strapse,

Strümpfe mit Naht. Lucía tanzte peitscheschwingend durch die Wohnung und über die herausgefallenen Teilchen, die sie mit dem Fuß hochnahm und als absurde Akrobatin mit Spitzenslips am Fuß weiter durch die Wohnung wirbelte und sich mir in die Arme bewegte, »komm tanz mit mir«, sie wickelte die Peitsche um mich und nahm mich mit in ihren Tanz, die schwarzen Spitzenslips fielen ab, wir drehten uns, und dann blieb sie stehen und lachte die Peitsche an. »Ich steh nicht auf SM«, meinte sie, »schlagen ist Gewalt«.

Die scharfe Szene gestern mit der Gefängniswärterin in Uniform, fragte ich mich insgeheim, war das nicht purer S/M? Und dann fiel mir der riesige Holzdildo wieder ein und wie ich da knien musste. Der Holzdildo, ob sie den hier hatte? Ich bekam Lust, dass sie mich mit der Peitsche schlug. Auf den Arsch. Ich hatte das schon gemacht und es machte mich scharf, Schmerz und Hitze. Doch sie warf die Peitsche fort, tanzte wieder auf mich zu, in dem lächerlichen roten Höschen, »nutzen wir doch mal die Löcher«, meinte sie, und streckte sich aufs Bett, Beine gespreizt, »erst das und dann das andere bitte, oder auch beide zugleich!«

Ich befriedigte sie genussvoll, beide zugleich.

Sie kam und seufzte und sagte, »danke! Aber du hast doch Geburtstag, jetzt bist du dran.«

*

Am nächsten Tag schlenderten wir über die Madrider Buchmesse, als mein Handy klingelte. Ich lief neben Lucía durch das klare Licht in der Spätvormittagshitze, vorbei an bunten Bücherständen, irgendwo war auch der König unterwegs, ich hatte fast nichts an und Bea war am Telefon. Sie gratulierte mir. Wir plauderten eine Weile. Sie sagte, dass ich glücklich klänge. Ich war glücklich.

»Das Fremde tut mir gut.«

Kaum hatte ich aufgelegt, riefen Alex und Sabine und noch ein paar Freundinnen an. Alex fragte, wann denn nun meine Affäre nach Berlin kommen würde, ihr Zimmer sei bereit.

Dann rief ich im Laufen meine Mutter an.

»Ich wollte dich gerade anrufen. Alles Liebe zum Geburtstag!«, sagte sie. Ich erzählte ihr, dass ich hier über eine Buchmesse schlenderte, in Begleitung von Lucía, und dass ich mich sehr wohl fühlte. Sie beendete das Gespräch mit den Worten »ich freu mich für dich! Jetzt lass uns auflegen, es muss ja nicht so teuer werden.«

An diesem Nachmittag fragte ich Lucía, ob wir einmal in ihre Wohnung gehen könnten. Ich sei doch so neugierig. Da erzählte sie, dass sie seit einigen Jahren keine eigene Wohnung mehr habe. »Seit ich die Winter über im Zirkus arbeite und im Wohnwagen lebe, ist das zu teuer. In den Sommern wohne ich bei Freundinnen. Aber ich weiß nicht, ob ich in diesem Winter wieder in dem Zirkus arbeiten werde. Vielleicht klappt es nach der kleinen Serie mit anderen Schauspieljobs. Dann such ich mir wahrscheinlich auch wieder eine Wohnung. Aber ich brauche nicht unbedingt eine eigene. Wer weiß, vielleicht in Berlin …«, sie zwinkerte mir zu. »Berlin bleibt mein Traum.«

Doch Lucía ist bis heute nicht nach Berlin gekommen.

»Und deine Sachen?«

»Ich habe nicht viel. Außer Büchern, dem Radio, Musik-CDs, Klamotten …«

Ich wurde traurig bei der Vorstellung, dass Lucía in den Wintern nicht mehr beim Zirkus arbeiten könnte. Die Erinnerung an das Gefühl, eine kurze Zeit mit diesem Zirkus gereist zu sein, packte mich.

*

Erst im Flugzeug zurück realisierte ich, dass ich nichts von dem unternommen hatte, was ich mir vorher vorgenommen hatte.

Am letzten Abend führte sie mich ausnahmsweise nicht in eine Tapasbar sondern anlässlich meines Geburtstages in ein vornehmes Meeresfrüchterestaurant an der Plaza España, in dem ich mir deplatziert vorkam, sie sich dagegen wie überall selbstverständlich bewegte, obwohl sie auch dort nur ihre ewigen Madrider Shorts trug, und mit dem vornehm gekleideten Kellner ins Gespräch kam, sodass er unseren Tisch kaum mehr verlassen wollte. Danach gingen wir in die Flamencoshow und dann zu Naira. Wir hatten ruhigen innigen Sex zum Abschied, sie kniete über mir, ich leckte sie wieder und hielt sie dabei an ihrem wunderbaren Arsch, suchte in der tiefen Spalte nach ihrer Öffnung, die sie mir zunächst entzog, um mich kurz vor ihrem Orgasmus dann doch noch einzulassen und im Einschlafen zu flüstern, »jetzt hast du mich beinahe überall berührt.« Später in der Nacht standen wir noch einmal auf und schauten die beiden Berlinfilme an, redeten über die vibrierende Stadt und schliefen bis in den Samstagnachmittag kurz bevor ich losmusste. Und natürlich hatte sie mich zum Flughafen gebracht und sich dort wieder ohne lange Zeremonie verabschiedet. Im Flugzeug zupfte ich mir eins ihrer Schamhaare aus den Zähnen.

Ich war nicht beim Goetheinstitut vorbeigegangen und hatte vorgefühlt, ob sie eventuell Interesse an einer Zeitschriftenpräsentation hätten. Habe nicht die deutsche Buchhandlung besucht. Mich nicht nach Sprachschulen erkundigt. Und den Besuch des schwullesbischen Buchladens hatte ich auch nicht genutzt, um die Buchhändlerinnen nach

Jobmöglichkeiten zu fragen, oder wenigstens nach interessanten Autorinnen für Sabines Zeitung, nichts hatte ich unternommen, was mir einen Grund verschafft hätte, bald noch einmal nach Madrid zu müssen. Jetzt fiel mir auch ein, wem ich in dem Buchladen begegnet war. Ihn hätte ich doch fragen können! Es war der Übersetzer und Literaturvermittler, mit dem sich Sabine in Berlin einmal getroffen hatte.

Es sei denn, ich würde ein zweites Mal allein dafür hinfliegen, all das Verpasste zu tun. Eine Idee, die von mir Besitz ergriff auf dem Rückflug. Es wurde mehr als eine romantische Tagträumerei. Ich dachte darüber nach, wie ich eine Zeit im Ausland verbringen könnte. In dieser lauten Stadt, in ihren Tages- und Nachtgesichtern. Oder mit einem Zirkus reisen. Aber diese Vorstellung würde wohl ein Traum bleiben. Denn was sollte ich in einem Zirkus tun? Madrid war realer. Oder eine der Inseln.

3. Durch die Nacht

LUCÍA war in mir, das empfand ich wirklich, ich war erfüllt von ihr, ohne dass ich dauernd an sie denken musste, sie war in meinem Körper. Ich schmeckte sie, als ich das Flugzeug verließ, als ich durch die Ankunftssperre ging und Bea dort stand, wir uns umarmten und Bea sagte, sie möchte mich zum Geburtstag ausführen, am liebsten gleich, aber sie vermute, dass ich mich heute erst von der Reise erholen wolle, und mir die Entscheidung überließ, ob heute oder morgen Abend. Ich hatte diesen Vormittag vor dem Flug gut ausgeschlafen und Lust auf Erzählen. »Gerne heute!«

Bea freute sich. Mir fiel an diesem Abend rückblickend auf, dass wir uns, seitdem ich Lucía kannte, viel weniger stritten als vorher. Ich war vorsichtiger, meckerte nicht mehr so oft an ihr herum, es war mir zum Beispiel gleichgültiger geworden, wie viel sie trank, und auch sie war freundlicher im Umgang mit mir. Sie trank viel weniger. Sie verdächtige auch viel seltener andere Menschen, ihr übel zu wollen. Ob sie etwas geahnt und sich untergründig, ohne es wirklich zu realisieren, genauso wie ich bemüht hatte, dass unsere Beziehung wieder zu dem angenehmen Umgangston zurückfand, den wir jahrelang pflegten – bevor diese nervige Nörgelei losging. Nicht mal, als wir gemeinsam Auto fuhren, schimpfte sie so viel wie vorher.

Wir hatten einen schönen Abend. Ich erzählte alles außer von Lucía und verwandelte Augusta, Cecilias Kusine und ein paar der anderen, die ich mit Lucía kennengelernt hatte, in Autorinnen. Und ich deutete an, dass ich große Lust bekommen habe, vielleicht doch noch einmal in meinem Leben eine Zeit im Ausland zu verbringen. Noch einmal aufbrechen.

»Dann könnte ich die Sprache wirklich lernen, denn gut kann ich Spanisch wirklich nicht, ist mir in diesen Tagen erschreckend oft aufgefallen.«

Wir vertieften das Thema nicht. Sie übernachtete bei mir, Sex stand heute nicht auf dem Programm.

*

Sabine versuchte wieder herauszufinden, wie es denn so gewesen sei mit meiner Affäre.

Doch mehr als ein »Nett!« bekam sie noch immer nicht zu hören. Ich wollte Sabine nichts Konkretes erzählen, auch wenn ich ihr dankbar war, dass sie mir half, das Doppelleben zu führen.

Ich erzählte ihr, dass ich einen schwullesbischen Buchladen, der auch Verlag sei, entdeckt und für sie ein paar Bücher mitgenommen habe.

»Die kann ich nur leider nicht lesen.«

Ich versprach ihr, sie für sie zu lesen und eine Art Gutachten abzugeben, ob es sich lohnen würde, etwas daraus zu übersetzen.

Von Lucía war eine knappe Mail gekommen. »Es war schön, dir Madrid zu zeigen. Viele Küsse!«

*

Das Wochenende darauf besuchte ich wieder meine Mutter.

Wir saßen in den abgewetzten braunen Sesseln im Wohnzimmer, tranken Portwein und unterhielten uns über Madrid. Sie fand, was ich erzählte, sehr aufregend.

»Wenn ich jetzt jünger wäre und die Chance hätte, in eine warme helle Stadt zu gehen, würde ich vielleicht gehen. Das ist sicher gut gegen Depressionen!«

Dann erwähnte sie ihre erste Liebe, von der sie lange nicht mehr gesprochen hatte. »Wenn ich damals mehr Mut gehabt hätte, hätte ich vielleicht einen Weg gefunden, Fedya nach Russland zu folgen … Aber wenn ich gegangen wäre, hätte es euch nicht gegeben.«

»Wer weiß«, sagte ich »vielleicht wären wir dann irgendwo in Russland ins Leben getreten.«

Meine Mutter hatte eine Vorliebe für russische Literatur und Sprache. Sie las uns russische Märchen vor. Eines Tages erzählte sie uns, warum.

Dann unterhielten wir noch über viele banale Dinge. Über ihre Großmutter, meine Urgroßmutter, übers Essen und dass sie noch ein Rezeptbuch dieser Großmutter besaß. Mir fiel ein, dass sie uns, als wir Kinder waren, schon von diesem Rezeptbuch erzählt hatte. Ein Gericht daraus musste sie oft für uns kochen, weil alle drei Kinder das eine Zeitlang dauernd essen wollten. Süßer Reisauflauf mit Aprikosen. Ich bekam im Gespräch über dieses Gericht einen ungeheuren Appetit darauf. »Das musst du mal für Bea kochen«, sagte meine Mutter, »sie isst doch gerne süß!«

Als ich meine Mutter früher, in der letzten Zeit war Bea selten mitgekommen, zusammen mit Bea besuchte, hatte sie oft für uns gekocht. Besonders überschwänglich äußerte sich Bea über ihre Pflaumenklöße, auch noch Jahre danach. Reisauflauf gab es nie. Meine Mutter sagte, das Gericht sei in Vergessenheit geraten, als wir erwachsen waren.

Bea isst sehr gerne, auch sehr gerne Süßes. Besonders, seitdem sie nicht mehr rauchte.

Zwei Wochen lang kam keine Mail von Lucía. Auch auf meine Mails antwortete sie nicht. Ich lenkte mich mit Arbeit ab. Und grübelte trotzdem. Nahmen sie die Dreharbeiten so vollständig in Anspruch, dass sie an nichts anderes denken konnte? Oder war die Serie schon abgedreht und sie wieder auf Jobsuche? Wie lange wollte sie eigentlich bei Naira bleiben? War Naira schon zurück? Vielleicht war sie dabei umzuziehen, zu Augusta oder zu wem auch immer. Es beunruhigte mich diesmal weniger, dass sie nicht mailte. Natürlich gab es in Nairas Häuschen Internet und Laptop. Vielleicht lebte sie einfach nur intensiv in die Tage hinein und saß nicht am PC.

Schließlich schrieb sie. Erzählte von Frauen, die sie kennengelernt habe. Eine von ihnen besaß ein kleines Ferienhäuschen am Mittelmeer, bei Alicante, und hatte sie und die anderen eingeladen. Vielleicht werde sie hinfahren und ein paar Tage ausspannen. Die Dreharbeiten waren beendet. Und dann schrieb sie noch, »manchmal ängstigt es mich, dass ich so oft Glück habe. Mit Menschen, die mich lieben. Mit Orten, an denen ich leben kann. Wie schnell kann ein Wind kommen und alles zerstören! Wir sind so unbeugsam und zugleich zerbrechlich, wie ein Boot im Fluss.« Danach mailte sie wieder wochenlang nicht.

*

Dann starb unsere Mutter. Meine Schwester Paula rief mich an. Sie hatte einen Schlaganfall. Vielleicht hätte sie noch den Notrufsender betätigen können, den sie immer am Körper hätte tragen sollen. Doch sie trug das Gerät nie. Immer wieder hatte sie mir und meinen Schwestern gesagt, »wenn es soweit ist, dann ist es eben soweit, ich brauche das doch nicht!« Und natürlich hatten wir drei immer wieder geantwortet: »doch, du brauchst das, bitte trage es! Du kannst ja mal stürzen! Kannst dich nicht mehr zum Telefon bewegen. Und dann ist es sinnvoll. Stell dir mal vor, du liegst da und hast dir was gebrochen!«

Renata, die Frau, die ihr drei Mal die Woche half, fand unsere Mutter. Für Renata war es ein Schock. Sie betreute schon seit längerer Zeit alte Menschen, aber hatte noch nie einen sterben sehen oder tot gefunden. Unsre Mutter lag vor ihrem Bett, die Jacke geöffnet, als hätte sie sich gerade ausziehen wollen. Angeblich sei unsere Mutter gleich ins Koma gefallen und kurz darauf gestorben, sie habe nicht gelitten.

Alles wurde unwichtig neben diesem Tod. Ich hatte mir früher immer wieder einmal vorgestellt, was das Schlimmste wäre, was passieren könnte. Und oft kam mir der Tod meiner Mutter in den Sinn. Auch der Tod meiner jeweiligen Freundin.

Ich hatte sie in diesen Tagen doch anrufen wollen! Seit meinem Besuch hatten wir nicht mehr telefoniert. Ich wollte doch noch mehr über ihre Großmutter erfahren und auch Genaueres von der Liebesgeschichte und ihrem Leben in der Zeit vor meinem Vater. Wollte sie über Vater, über ihre gemeinsame Zeit ausfragen. Bei meinem letzten Besuch hatte sie nicht einmal, wie sonst immer, gesagt, dass sie ihn wiedersehen wollte. Ich wollte ihr doch noch mehr von Lucía erzählen! Ich hätte sie doch einmal nach Madrid oder auf die kanarischen Inseln mitnehmen können! Ich hätte ihr das wenigstens vorschlagen sollen! Sie klang so sehnsüchtig, als sie sagte, das sei sicher gut gegen Depressionen! Sie hatte sich immer wieder, besonders in den Jahren nach dem Tod unseres Vaters, mit Depressionen herumschlagen müssen, vor allem in den trüben Wintermonaten. Nie in den hellen Sommern. Sie sehnte sich immer nach Licht. Sobald der erste Sonnenstrahl zu sehen war, saß sie so oft wie möglich auf ihrer kleinen Südterrasse. Sie sah immer aus, als käme sie frisch aus dem Urlaub. Das nicht geführte Telefonat kreiste mir wochenlang im Kopf herum, auch heute noch denke ich manchmal daran.

*

Meine am praktischsten veranlagte Schwester Paula organisierte die Beerdigung fast alleine. Sie erzählte mir, dass sie noch zwei Tage vor ihrem Tod mit unserer Mutter telefoniert habe. Mutter sei an dem Tag in ihrem kleinen Kirchenchor gewesen und habe sich sehr glücklich gefühlt. Habe ein kleines Fest für ihren Chor geplant, zu dem sie mit Hilfe von Renata Borschtsch habe kochen wollen und einen Apfelkuchen backen. Ja und dann habe sie wie immer unseren Vater erwähnt, sie sagte: »Ich habe das Gefühl, Johannes braucht mich.« Die Formulierung war anders als sonst. Paula war das nicht aufgefallen, aber ich begann sofort wieder mit meinem Überinterpretieren.

Ich dachte darüber nach, dass sie mir gegenüber Fedya erwähnt hatte.

Wir weinten zu dritt. Wir weinten und feierten anschließend mit den Verwandten, auch Bea war mitgekommen und natürlich der Mann von Martha und ihre drei Kinder sowie Paulas erwachsener Sohn. Da Paula erst siebzehn war, als sie ihr Kind bekam, hatten sich unsere Eltern rührend um das Baby und Kleinkind gekümmert, kurz darauf war Vater gestorben.

Jetzt mussten wir über das Häuschen nachdenken. Meine Schwestern waren der Meinung, wir sollten es verkaufen. Nach Langen würde sicher niemand von uns ziehen wollen. Martha zögerte, mit den drei Kindern in ein Häuschen, das war schon eine Verführung. Aber ihr Mann hat eine Lehrerstelle in Kassel und sie lebten in einer großen komfortablen Wohnung. Sie bat sich etwas Bedenkzeit aus. Paula schlug vor, dass sie, sie sei ja die Unabhängigste von uns – sie ist Lehrbeauftragte an der Uni Hamburg – einige Wochen ins Haus ziehen könne und in Ruhe sortieren und die Hausauflösung vorantreiben. Es seien ja jetzt Semesterferien. Und wir beide sollten in ein paar Wochen dazu kommen, sodass wir die privaten Sachen aufteilen könnten.

Martha und ich nahmen den Vorschlag dankbar an.

*

Ich sah Bea kaum in der nächsten Zeit, versuchte auch nicht mehr, Lucía zu kontaktieren.

Die Trauer hatte mich im Griff. Doch bevor ich wieder nach Langen fuhr, um mich mit meinen Schwestern zu treffen, mailte ich Lucía vom Tod meiner Mutter.

Sie antwortete fünf Minuten später. Sie schrieb, dass sie mit mir fühlen würde. Sie wisse, dass man niemandem in der Trauer helfen könne. Trauer sei uferlos, man könne sich nur hineinfallen lassen.

Irgendwann würde man wieder ein Ufer erreichen und weiterleben.

In dieser Mail erzählte sie das erste Mal aus ihrer Kindheit.

Ihre Mutter war gestorben, als sie sechs Jahre alt gewesen war. Seitdem sei sie mehr oder weniger auf sich selbst gestellt gewesen. Nach ihrer Geburt habe ihre Mutter keine weiteren Kinder bekommen können. Das war selten damals … andere Kinder hatten viele Geschwister. Sie nicht. Ihr Vater, ausgebildeter Torero, habe alle Abschlüsse, auch die Prüfung zum Matadero geschafft. »Das ist der, der den Stier tötet«, ergänzte sie für mich. Ihr Vater sei immer ein mittelmäßiger Matadero gewesen, trotzdem war er in den Sommern unterwegs, von Arena zu Arena … Bald nach dem Tod der Mutter fing er an zu trinken. Er konnte nicht mehr kämpfen, die Stadt Albacete gab ihm sozusagen sein Gnadenbrot – als Putzkraft in der Arena. Wenn er sich ihr genähert habe, sei er immer besoffen gewesen. »Seine Annäherungsversuche waren unangenehm«, schrieb sie nur. Ihrem Vater sei alles völlig gleichgültig gewesen. Ich fragte mich, ob sie mit dem Wort »unangenehm« ausdrücken wollte, dass er sie begrabscht hatte. Oder mehr. Ich nahm mir vor, sie einmal danach zu fragen. Später ist sie für eine Weile in ein Heim gekommen, mit vierzehn ganz weggegangen. Zuerst war sie zu einer entfernten Verwandten in ein Kaff in den Bergen Gran Canarias gezogen. Die wollte sie nicht wirklich bei sich wohnen haben. So zog sie nach Las Palmas, schlug sich mit Gelegenheitsjobs durch. Dort hatte sie, das wusste ich bereits, mit siebzehn den Vater ihres Sohnes kennengelernt und mit achtzehn das Kind bekommen. Sie hatte, seit sie fortgegangen war, keinen Kontakt mehr zu ihrem Vater und der habe keinen Kontakt zu ihr gesucht.

Und was war mit dem Mann passiert, mit dem sie das Kind hatte? Nie hatte sie davon gesprochen, immer war sie ausgewichen. Ihr Vater sei vor Jahren gestorben. Sie habe nie eine Familie gehabt. Daher habe sie sich ihre Familie unter den Freundinnen und Freunden ausgewählt. Vor allem Cecilia und einige andere. Sie nenne sie auch deshalb Schwestern. Und sie wünsche mir, dass ich eine starke Freundesfamilie hätte in dieser Zeit der Trauer. Und ich solle mich mit meinen Schwestern nicht streiten! Damit endete ihre Mail.

*

Beim Hausausräumen stritten wir uns noch nicht. Paula nahm die vielen Familienfotos, die sie nach und nach in Fotoalben kleben wollte, ich die persönlichen Briefe an meine Mutter und ein Tagebuch. Eine kurze Zeitlang hatte Mutter

Tagebuch geführt. Martha wollte nichts dieser persönlichen Dinge, doch wir überredeten sie zu einigen Schmuckstücken – sie war die Einzige von uns dreien, die Schmuck trug – viel Schmuck hatte auch unsere Mutter nicht getragen. Ein altertümliches Kleid als Erinnerungsstück nahm sie sich auch noch mit.

Einige Wochen später diskutierten wir die Frage, ob das Haus verkauft oder vielleicht doch zunächst einmal vermietet werden sollte, unser einziges Erbe. Auch Martha war sich inzwischen sicher, nicht einziehen zu wollen. Ich weinte und sagte, da sind wir doch die letzten Jahre aufgewachsen, und bestand auf meiner Ansicht, dass wir es vermieten sollten. Man wisse doch nie, was die Zukunft brächte. Martha konterte und sagte, sie würde nicht hierherziehen. »Es geht doch nicht immer um dich«, so ich, dann wurde ich gemein »oder brauchst du dringend das bisschen Geld vom Verkauf. Habt ihr wieder einmal über eure Verhältnisse gelebt? Seid ihr so arm dran mit Toms schmalem Lehrergehalt?«

Sie brüllte mich an: »Dass gerade du jetzt so nostalgisch mit dem Haus tust, ist ja super. Wo du doch als Einzige von uns abgehauen warst und unserer Mutter Hassbriefe geschrieben hast.«

»Du spinnst wohl«, brüllte ich zurück, »ich habe nur sachlich zu erklären versucht, warum ich damals ausgezogen war. Du hast ja als Nesthäkchen immer alles nachgeworfen bekommen! Hast nur das Nette mitgekriegt.« Alles war auf einmal wieder ganz nah.

Die Stimmung war kurz vorm Explodieren. Martha und ich heulten.

Paula schaffte es schließlich, uns von weiterem Aufeinanderherumhacken abzuhalten. Und sie schaffte es auch, mich zu überzeugen. Um ein vermietetes Objekt müsse man sich kümmern, die Mieteinnahmen gingen für notwendige Renovierungen und Reparaturen drauf, und außerdem könne man nie wissen, was man für Mieter erwische. Und es sei auch für die Zukunft äußerst unwahrscheinlich, dass eine von uns selbst einmal dahin ziehen würde. Oder könne ich mir vorstellen, im Alter aus Berlin weg- und hierherziehen zu wollen? Das konnte ich mir nicht vorstellen. Fast alle meiner Bekannten und Freundinnen, meine jetzige Familie, lebten in Berlin. Und inzwischen gab es auch noch welche auf den Kanaren und in Madrid, doch das erwähnte ich meinen Schwestern gegenüber nicht.

Mitte August entschieden wir uns. Wir beauftragten ein ortsansässiges Immobilienbüro, dessen Chefin uns sympathisch erschien.

Die Immobilienmaklerin sagte zwar, dass wir für ein Reihenmittelhaus nicht allzu viel erwarten könnten, aber sie würde ihr Bestes versuchen. Paula hatte sich nach den ortsüblichen Preisen erkundigt und ihre Schätzung stimmte mit der der Maklerin überein.

Seit ihrer E-Mail nach der Todesnachricht hatte Lucía sich nicht mehr gerührt. Doch an einem Donnerstag Ende August kam eine Mail von ihr.

*

»Ich bin auf Teneriffa. Hast du Zeit? Mit einem deiner Lastminutebilligflüge, dieses Wochenende? Eine heiße Sommernacht? Du warst doch noch nie im Sommer auf den Inseln. Wie geht es dir? Sicher trauerst du noch. Doch das ändert ja nichts, das Leben geht weiter. Ich möchte dir gerne den Sommer hier zeigen. Ich bin mit Freundinnen da. Am Wochenende unternehmen wir etwas. Komm doch dazu!«

Ich war elektrifiziert. Trotz der Trauer, natürlich trauerte ich noch, fuhr Lucía mir wie ein Blitz in den Körper. »Ach du mit deiner Lust«, war mir meine Mutter im Ohr, aus früheren Zeiten, in denen sie mitbekam, dass ich mehrere Verhältnisse gleichzeitig hatte. Sie hat es immer akzeptiert. Sagte, die Menschen seien unterschiedlich. Für sie sei Sex nie so wichtig gewesen. Doch hatte sie schönen Sex erlebt, auch das erzählte sie mir einmal. Wenn es mich glücklich mache, dann solle ich meinen Lüsten nachgehen! Einmal sagte sie auch, mein Vater war bereits eine Weile gestorben, »Johannes hätte sicher gesagt, dass du in einem früheren Leben zu wenig Sex und sexuelles Glück erlebt hast, dass du es jetzt nachholen musst. So intensiv wie du dieses Leben lebst, als würdest du zwei oder mehr Leben zugleich leben, muss das vorige ziemlich langweilig oder viel zu kurz gewesen sein.«

Ihr eigenes zweites Leben vor meinem Vater war mir in diesem Moment sehr nah. Ich glaubte ihr Gefühl der Vorfreude, das sie mir erzählt hatte, zu spüren.

Kurz nach dem Krieg lebte sie mit ihrer Mutter in einer kleinen Stadt in Sachsen-Anhalt. Dort unterrichtete sie an verschiedenen Schulen Russisch. Sie war noch sehr jung, ich konnte mir zunächst kaum vorstellen, dass sie als Lehrerin arbeitete. Es war in der sowjetisch besetzten Zone vorgeschrieben, erzählte sie. Meine Mutter konnte gut Russisch – warum sie es gelernt hatte, weiß ich nicht, ich muss meine Schwestern fragen. Es gab zu wenige Lehrer, die das unterrichten konnten, also nahmen sie unsere Mutter, obwohl sie zu der Zeit ihre Lehrerinnenausbildung noch nicht einmal angefangen hatte. Sie selbst hätte lieber etwas anderes gemacht, in der Landwirtschaft bleiben wollen. Sie hatte ein Praktikum auf einem großen Bauerngut angefangen, aber ihre Mutter drängte sie, wenn sie schon so gut Russisch könne, die Chance zu nutzen. So war sie zu dem Schuljob gekommen. Und begann kurz darauf, in Halle an einem Neulehrerkurs teilzunehmen. Der russische Offizier, Fedya, war beauftragt, den Unterricht zu kontrollieren. Der erste Blick zwischen ihr und ihm, als er in die Klasse kam … sie hatte mir erzählt, es habe sofort gefunkt. Mit fiel die gesamte Geschichte ein, bevor ich Lucía antwortete.

Sie hat ihn sehr geliebt und es kaum ertragen, als er ging.

Sie trafen sich heimlich. Es war verboten. Außerdem galten russische Soldaten generell als Vergewaltiger, weil es diese furchtbaren Erfah-run-gen der Frauen gab. Das bedeutete, dass die Liebe zu russischen Männern, kam es heraus, nur abschätzig wahrgenommen wurde. Russenliebchen! Russenhure! Ihre Mutter, bei der sie wohnte, wusste davon. Meine Großmutter hatte unsere Mutter damit geneckt, dass sie sich nur in Krankenschwestern verlieben würde! Als Mädchen war unsere Mutter schwer krank geworden und musste während des Krieges in zwei verschiedene Krankenhäuser. Und hatte beide Male heftig für eine Krankenschwester geschwärmt. Hatte noch Monate danach besonders von der zweiten und aufregenden Gesprächen während der Spaziergänge im Hospitalgarten erzählt. Unsere Großmutter konnte nicht glauben, dass sich meine Mutter wirklich verliebt hatte – in einen Mann. Obwohl sie selbst Männer kaum mehr anschaute, nachdem der Vater unserer Mutter gegangen war, mochte auch sie diesen Russen sehr. Meine Großmutter habe sich gut mit ihm unterhalten können. Er sei Wissenschaftler gewesen.

Unsere Mutter hat mir erzählt, dass sie das Bett von der Wand abgerückt hatte, damit ihre Mutter nichts hörte. Sie liebten sich. Sie hat mir auch erzählt, dass sie in der Zeit entdeckt habe, wie sie sich selbst erfreuen und sich selbst das aufregende Gefühl erzeugen konnte, dass er in ihr erzeugt hatte. Sie nannte es nie Orgasmus. Und dass sie noch heute spüre, wie sie sich auf die nächste Begegnung mit ihm freute. Noch heute empfinden könne, wie sie in dem schräg in den Raum gerückten engen Bett lag und die Vorfreude sie heiß durchzuckte, während sie sich berührte.

Er hatte sie nie fragen können, ob sie mit ihm zurückgehen möchte. Es war den russischen Armeeangehörigen streng verboten, Beziehungen zu deutschen Frauen einzugehen.

Sie wisse nicht, ob sie gegangen wäre, wenn es möglich gewesen wäre. Sie glaube schon

Sie hatte nach der Trennung das ostdeutsche Dorf verlassen, auch ihre Stelle als Russischlehrerin hatte sie aufgegeben und arbeitete danach in Berlin in einem Café. Viele Jahre später, die Mauer war inzwischen gebaut worden, lernte sie in diesem Café Johannes, unseren Vater, kennen. Er war zu Besuch bei seiner Mutter in Berlin, aber hatte zu der Zeit schon lange eine Stelle als Textilfacharbeiter in Westdeutschland, in einem Fasern produzierenden Betrieb. Er wohnte in einer Arbeitersiedlung in Frankfurt. Meine Mutter war fast schon zu alt für Kinder. Doch wir kamen bald darauf, eine nach der anderen.

Ich legte mich in der Vorfreude auf Lucía, die mich heiß durchzuckte, ins Bett und war meiner Mutter sehr nahe. Sie hatte mir auch beschrieben, wie Fedya aussah. Groß, alles an ihm sei lang gewesen, er habe lange schöne Finger gehabt, eine lange Nase, dunkelbraune Augen und schwarzes Haar. Ich sah Fedya, ich sah Lucía. Ach, liebste Mutter. Ob du auch Fedya wiedergesehen hast?

*

Ich buchte einen billigen Hinflug für Samstag, es gab keinen günstigen Rückflug am Montag oder Dienstag, ich nahm Mittwoch.

Bea erzählte ich nichts, diesmal auch keine Lügen. Sie wusste, dass ich noch sehr in meiner Trauer hing, und wartete immer auf ein Zeichen von mir. Von sich aus schlug sie keine Treffen vor. Ich rief sie am Donnerstag an und wir gingen essen, unterhielten uns, dann gingen wir beide in unsere Wohnungen.

*

Der Flug ging Samstagfrüh. Ich packte das Coelhobuch ein. Um elf landete das Flugzeug am Südflughafen von Teneriffa. Sie stand da, in den roten Madrider Shorts. Doch sie war verändert. Ihr Haar hatte einen leichten Blondschimmer im Schwarz, und alles, was ich von ihr sah, nicht nur ihr Gesicht, war dunkelolivbraun. Lucía! Wie glücklich ich war, dich wiederzusehen.

Wir umarmten uns.

»Du bist aber schön. Und dein Haar hat doch einen Rubiaton!«

»Das ist nur der Sommer!«

Ich kramte in meinem Gepäck und holte das Buch heraus.

»Das habe ich diesmal nicht vergessen!«

Sie lächelte, sagte »danke!« und behielt es in der Hand. Diesmal müsse ich leider ein Hotel nehmen, sie kenne eins, das sei zwar inmitten einer Baustelle, aber sonst sei es nett und günstig.

Denn die Freundin, bei der sie in Los Cristianos wohne, sei krank und wolle nicht zwei Frauen, und vor allem keine ihr unbekannte, unterbringen.

»Aber erst fahren wir mal dahin. Ich muss noch etwas schlafen. Anschließend machen wir das mit dem Hotel.« Sie marschierte vor mir her Richtung Mietautoschalter und ich hatte den Eindruck, sie ginge extrem gerade und ein wenig steif.

Ich holte mir wieder einen kleinen Leihwagen, sie plauderte mit der Angestellten, während ich den Vertrag unterschrieb, und legte das Coelhobuch ab. Dann fuhren wir ein kurzes Stück durch braune Landschaft, seltsamerweise ließ sie mich fahren. Auf einmal rief sie: »Das Buch! Fahr raus und kehre bitte um. Ich habe das Buch liegengelassen.« Ich fuhr an der nächsten Ausfahrt ab und auf der anderen Seite wieder auf die Autobahn, zurück zum Flughafen, wir eilten zum Schalter. Das Buch lag nicht mehr da. Das Mädchen am Schalter hatte es auch nicht. Lucía wirkte traurig. »Lucía, das tut mir aber leid! Komm, gehen wir in den Flughafenshop. Das ist doch ein Bestseller, sicher haben sie es da!«

Sie wollte kein neues Buch. »Ich habe es in Erinnerung«, sagte sie. Dann fuhren wir wieder zurück, sie dirigierte mich durch Hotelburgen ins Zentrum, in die Nähe der Kirche, dahin, wo einst der kleine Fischerort gewesen war. Wir schlichen an der schlafenden Freundin vorbei nach oben, »sie ist wirklich sehr krank«, flüsterte Lucía, oben warf sie Hemd und Hose von sich und wir gingen in ihr Bett auf ein weißes Laken, ihr dunkler brauner Körper, ihre braunen Brüste, die Nippel fast schwarz, wie schön sie aussah! Lucía sagte, »dann machen wir jetzt unseren Begrüßungssex«, seltsame Formulierung, dachte ich, aber war weit und offen und nass für sie. Sie berührte mich und zuckte den Bruchteil einer Sekunde lang vor meiner Nässe zurück, ich erschrak, sie griff aber sofort wieder zu, »du bist so erwartungsvoll! Komm!«, rieb mich zu einem kurzen, fast schmerzhaften Orgasmus und unterdrückte meine Schreie, indem sie mir die Hand auf den Mund hielt. Die Freundin unten. Sie sagte, »ich bin hundemüde, gestern ist es so spät geworden! Ich brauche noch etwas Schlaf«, drehte sich um und schlief ein. Ich lag wach neben ihr, strengte mich an, mich nicht zu rühren, um sie nicht zu wecken, verharrte unbehaglich in der unbequemen Stellung und fragte mich absurde Dinge. Ob sie vielleicht doch traurig oder ärgerlich war, weil ihr Buch verschwunden ist. Wer klaut denn Bücher? Wäre es ein Geldbeutel gewesen oder ein Fotoapparat, aber ein Buch! Wahrscheinlich war es im Papierkorb gelandet. Wir hätten in die Abfalleimer nahe dem Schalter schauen sollen. Oder jemand hat es verwechselt. Ich hörte nicht auf, an das verlorene Buch zu denken. Endlich döste auch ich ein. Als wir erwachten, fragte ich sie etwas verkrampft, ob ich sie essen solle und begann sie zu streicheln im Wachwerden, sie seufzte und sagte »nein« und noch mal »nein« und dann sagte sie »ja!, ja, bitte!«, ich machte weiter, streichelte sie und betrachtete dabei ihren schönen dunklen Körper, die Eidechse, die sich im Rhythmus ihres schneller werdenden Atems bewegte, die Adern, die auch unter der dunklen Haut noch zu sehen waren, auch sie wirkten dunkler, und ich küsste ihren Bauch, die Eidechse, die Adern, ihre Möse und war von einem Gefühl großer Zärtlichkeit angefüllt, ich leckte sie langsam, bis sie kam und leise wimmerte. Und ich flüsterte, fast unhörbar, aber ich glaube, sie hat es gehört, »ich liebe dich.«

Nach einem Moment, in dem wir beide schweigend aneinander lagen, sagte sie, »ich wollte zunächst nicht, du hast es dir einfach geholt, du Böse!«, und lachte. Dann zogen wir uns an, schlichen an der kranken Freundin vorbei, doch die rief sie zu sich. Ich blieb unsicher vor der Tür stehen.

Es dauerte lange, bis Lucía mir nachkam und sagte, Lorena habe noch mal betont, dass sie nicht wolle, dass ich in die Wohnung mitkäme.

Und dass sie ziemlich empört gewesen sei, als sie uns auch noch beim Sex hätte zuhören müssen. Aber wir waren doch so leise! Sie habe vor Kurzem einen leichten Schlaganfall gehabt und sei seitdem ziemlich verändert. »Sie möchte ihr Drama hinziehen und auskosten. Schlecht gelaunt und ungehalten sein dürfen. Und andere herumkommandieren! Sie hat mir einen Vortrag gehalten über ihr Leiden. Und mir vorgeworfen, dass ich mich ihr gegenüber unfair verhalten habe. Sie hat durch den Schlaganfall noch immer eine leichte Lähmung ihrer linken Körperhälfte. Aber sie könnte sich bewegen. Sie müsste nicht im Bett sein, im Gegenteil. Jetzt schiebt sie eine Erkältung vor.«

Meine Mutter, meine liebe Mutter. Die Tränen schossen mir in die Augen. Die bedauernswerte ungehaltene Lorena hatte das erlitten, an dem meine Mutter gestorben war. Sie war doch noch so jung. »Wie alt ist Lorena denn?«, fragte ich.

»Anfang fünfzig.«

»Lucía, ich muss an meine Mutter denken«, sagte ich. Ich wollte nicht von meiner Mutter sprechen, ich hatte Angst, dass ich die Zeit nicht mehr genießen würde, aber ich konnte nicht anders. Wir standen vor dem Eingang zu Lorenas Wohnung und ich erzählte von meiner Mutter, die Zeit verging, Lucía hörte zu und sagte schöne Sätze, die mich wirklich getröstet haben.

Sie hatte ein paar Sachen in eine Plastiktüte zusammengepackt, Ersatzshorts in türkisblau, zwei ärmellose Hemden weiß und mit dünnen braunen Streifen, Bücher, das kleine Radio.

Wir suchten das Hotel auf, checkten ein, direkt vor unserem Fenster stand ein riesiger Baukran.

Unbewegt. Es war Wochenende. »Wir werden nicht viel hier sein«, meinte Lucía, »und mich stört Lärm auch nicht.«

Dann gingen wir Tapas in der Stadt essen. Es gab massenweise Touristenlokale, doch natürlich führte sie mich wieder in eine versteckte Gasse in eine angenehm kühle Bar, wo es keine Stühle draußen gab und keine Touristen, und wir aßen. Anschließend holten wir die Handtücher aus dem Hotel, sie nahm ihr Buch mit, und gingen an den Strand. Der Strand besteht aus vielen ineinander übergehenden hellsandigen Buchten, ein Hotel am anderen, voll mit Menschen. Auch viele Menschen aus dem Norden und aus der Hauptstadt der Insel gingen im Sommer an diesen Strand im Süden. Wir breiteten die Handtücher aus, rannten sofort ins Wasser, kühlten uns ab, bespritzten uns, und dann lag sie neben mir auf dem Bauch, sie trug nur einen alten Strohhut, den sie auch im Wasser aufbehalten hatte, und eine winzige weiße gerippte Unterhose, die fast in der Spalte verschwand, wo sie doch sonst immer ihre Shorts trug, aber selbst die waren ihr am Strand zu warm. »Am liebsten würde ich nackt baden«, sagte sie, »aber das geht hier nicht.«

Ihr schöner brauner Arsch um das wenige Weiß ragte in die Luft, in der tiefen Kuhle am Ansatz war Sand, die Wirbel bewegten sich im Rhythmus ihres Atems, als sie einschlief, und ich konnte mich kaum zurückhalten, dieser erregenden Linie nachzufahren bis auf den großen Po. Ich wollte ihn küssen, ihn liebkosen, unter die kleine Unterhose dringen, sie öffnen. Doch ich berührte sie nicht. Nach einer Weile schlief auch ich ein und erwachte von den Stimmen zweier Mädchen, die neben uns im Sand saßen und ein Spiel spielten, bei dem eine zählte, die andere »stopp« sagte, und dann sangen sie ein Lied. Ich ließ die Augen geschlossen und hörte ihnen zu. Ich verstand sogar die Texte, so klar und schön sangen sie. Manche Lieder zusammen, andere im Wechsel. Das letzte Lied handelte vom Kennenlernen und Abschiednehmen und dass das manchmal in kurzer Zeit passierte. Viel zu komplizierte Texte für das Alter, dachte ich schlaftrunken, und dann, »wie schön es ist, hier an einem unbekannten Strand auf dieser mir noch unbekannten Insel im Sommer!« Die Mädchen gesellten sich zu ihren vor unseren Füßen Ball spielenden Brüdern, auch Lucía erwachte jetzt, wir sprangen wieder ins Wasser, trockneten und gingen gleich wieder rein und planschten mehr als dass wir schwammen, fröhlich wie die Kinder. Viele kanarische Frauen behielten ihre Hüte auf im Wasser. Ich hatte keinen Sonnenhut dabei und band mir mein Unterhemd um den Kopf. Und natürlich holte ich mir einen Sonnenbrand. Ich drehte mich auf den Bauch. Lucía lag auf der Seite, mir zugewandt, und redete auf mich ein, sie erzählte von dem Roman, den sie gerade las. Es ging um ein Haus, das dem Meer trotzte. Jahrhunderte habe es auf einer schmalen Landzunge im Meer gestanden. Literatur sei magisch und bezaubernd, sagte sie. Man könne Probleme lösen, während man liest. Das habe nichts mit der Realität zu tun, es hieße also nicht, dass im Roman eine konkrete Lösung stünde. Aber die Imagination, die in Gang gesetzt werde. Einzelne Sätze, die herausspringen …

Der Rhythmus ihres Redens, die Tonlage ihrer Stimme, die immer wieder mein Gehör berührten, ich kann es kaum wiedergeben. Es war beinahe egal, was sie erzählte, sie konnte einfach nur sagen, ich gieße dir einen Wein ein, und erotisierte mich.

Es wurde Abend. Lucía hatte mir erzählt, dass auch Cecilia ein paar Tage hier sei. Heute Nacht würden sich alle am Strand treffen.

»Und dann ziehen wir durch die Nacht! Aber jetzt lass uns losfahren, ich weiß einen tollen Ort, wo wir essen können!«

Wieder ließ sie mich fahren. Diesmal fragte ich, warum. »Ich habe meinen Führerschein verloren, habe es nicht geschafft, wie damals, weißt du noch?, einer Kontrolle auszuweichen.« Wir fuhren die Berge hinauf durch trockene Kandelaber, später war der Wald in Sicht. Oben sei der Teide, doch den sah man nicht. Wir besuchten eine in einer Garage versteckte Kneipe, die nie ein Tourist finden würde. »Morgen zeige ich dir noch mehr davon«, sagte Lucía, wir aßen, während die Sonne unterging, und fuhren zurück in die Nacht.

*

Der Treffpunkt war etwa an der Stelle, an der wir gelegen hatten, im Wasser war ein Springbrunnen, leicht zu finden.

Sie erwarteten uns schon. Lautes Reden und Lachen tönten hoch bis an die Promenade. Eine große Gruppe von Frauen. Unter ihnen Ana, Cecilia, die Kusine mit dem schweren Namen, Augusta und andere, von denen ich manche in Madrid vielleicht kurz getroffen hatte, deren Namen mir aber nicht mehr in Erinnerung waren. »Madrid ist leer im Sommer«, sagte Lucía, »alle sind sie hier!«

Ein Joint machte die Runde, ich rauchte mit. Dann zogen wir los. Stundenlang, wie mir schien, liefen wir am Strand entlang inmitten vieler anderer Menschengruppen, blieben an dieser und jeder Bude stehen, tranken, rauchten, redeten, mir wurde schwindelig und ich fror sogar leicht, wahrscheinlich hatte ich am Nachmittag zu viel Sonne abbekommen und neben dem Sonnenbrand einen leichten Sonnenstich. Es war sicher schon gegen zwei, wir liefen inzwischen oben auf der Promenade, als ein Straßenreiniger einen riesigen Schlauch anwarf, auf die Promenade richtete und mich traf, die ich in dem Moment am Ende der Gruppe ging. Die anderen drehten sich um, lachten, der Arbeiter zog den Schlauch schnell weiter. Es war kein Gartenschlauch, sondern einer mit extrem viel Druck. Völlig durchnässt und mit einem heftigen Schmerz auf der rechten Seite begann ich nun wirklich zu frieren. Inzwischen wehte auch ein kühler Wind. Die anderen zogen weiter, Lucía mitten unter ihnen, sie redeten, lachten ohne Unterbrechung, als wäre nichts gewesen. Ich holte auf zu Lucía und sagte ihr, dass ich fror, und fragte, ob wir noch lange weitergingen. Sie fragte zurück, »bist du denn noch nie durch die Nacht gezogen?«

»Doch natürlich«, sagte ich.

»Die Nacht ist doch noch lange nicht vorbei. Soll ich dich etwas aufwärmen?« Sie rubbelte mich, Cecilia und Ana und andere eilten ihr zu Hilfe und alle massierten und rieben an mir herum, bis mir heiß wurde. Chaixiraxa zog ein kleines knallbuntes

Seidentuch aus der Hosentasche und gab es mir. Ich band es um den Hals und fühlte mich gleich noch wärmer. Eine wohlige bleibende Wärme, die nur von einem kleinen Tuch ausging. Nass war ich immer noch. Dann liefen wir weiter, zum Meer, ins Dunkle. Da stand die Gruppe dieser aufregenden Frauen und starrte an den Himmel und war auf einmal still. Es war eine mondlose Nacht. Auch ich starrte hoch, die Milchstraße, ein Nebel aus unendlich vielen kleinen und großen Glitzerpunkten, mir schwindelte, es war berauschend und dann sah ich wirklich eine Sternschnuppe. Und noch eine. Nach und nach begann das Reden wieder, wir gingen zur Promenade zurück zur nächsten Bude, zur nächsten, überall dröhnte die Musik, überall blieben wir stehen auf einen kurzen Drink, an einer der Buden wurde getanzt und auch wir tanzten jetzt, jede für sich, ich wurde müder und tanzte und war fast schon im Traum und war in dem kleinen Fest im Süden der kleinen Insel, von dem mir Lucía erzählte hatte, ich tanzte mit geschlossenen Augen und sah kleine rote Fähnchen im Wind wehen, die Fischerboote schaukeln, sah die Kinder, dicke schöne Frauen und alte Fischer mit sonnen- und windgegerbten Gesichtern im Tanz, ich träumte, ich wäre dort und Lucía forderte mich zum Tanz auf, das erste Mal.

*

Dieser Strand im Süden der großen Insel schien nie zu enden, immer mehr Menschen strömten mit uns durch die Nacht, auch um die nächsten Buden herum wurde gesungen und getanzt, Lucía riss mich nun wirklich in einen Tanz, gab mich weiter an die anderen, und weiter und weiter und dann kam ich zurück zu Lucía, sie hielt mich eine kurze Weile fest an ihrer Seite, ihre Hüfte und meine schwangen im Rhythmus, dann liefen wir wieder, liefen und liefen und ich kam nicht mehr mit, hatte das Gefühl, ich bräche gleich zusammen, während alle anderen quirlig und leichtfüßig voranstürmten und plauderten. Luciá ging sehr aufrecht mit großen Schritten weit vor mir. Wie sie das nur schafften? Ich blieb erschöpft stehen. Lucía drehte sich um, sie hatte mein Fehlen gespürt, wartete, bis ich aufholte, und fragte noch mal, »machst du das denn nie, mit Freundinnen durch die Nacht ziehen?«

»Ja schon«, antwortete ich.

In Wirklichkeit hatte ich in den letzten Jahren, Jahrzehnten, kaum einmal ganze Nächte durchgefeiert. Bis drei, vier Uhr, das passierte öfter, aber länger, wirklich bis in den Morgen? In meiner ersten Berliner Zeit, als ich damals mehr oder weniger verboten in der Stadt wohnte, empfand ich es natürlich als aufregend, dass es keine Sperrstunde gab und man durchmachen konnte und hatte sehr oft in Diskos durchgetanzt bis in die Frühe. Doch war ich dabei jemals so viel gelaufen? Selbst Chueco erschien mir harmlos und winzig im Vergleich zu diesem endlosen Strand.

Ich fühlte mich auf einmal wie in dieser ersten Berliner Zeit. Das war noch in meiner Pubertät gewesen oder kurz danach, in einem Alter, in dem ich wie viele andere alles bis an und über die Grenzen hinaus erleben wollte. Ich habe damals oft Dinge mitgemacht, von denen ich nicht wusste, ob ich sie wollte oder nicht und die mir im Nachhinein so fremd waren, als sei nicht ich diejenige gewesen, die sie erlebt hätte. Als erzählte ich einen Roman.

*

Vor der nächsten Bude ging eine nach der anderen in eine dunkle Ecke am Ende der Straße, die zur Promenade führte, und kam wieder, fröhlich, als hätte sie etwas Besonderes erlebt. Da nahm mich Lucía an der Hand, »möchtest du auch?« Ich hatte keine Ahnung, was, aber sagte emphatisch »Ja!«. Sie nahm mich mit zu der Ecke, in ein Auto, wir setzten uns auf die Rückbank, sie reichte Euros vor, und dann schüttete ihr der Mann hinter dem Steuer weißes Pulver in die Hand, er schaute mich an, ich machte es Lucía nach, sie bemerkte meinen misstrauischen Blick, sagte, »das ist gut, in solch einer Nacht!«, und sog es in die Nase. Auch das machte ich ihr nach. Und folgte ihr zurück in die Bude, die anderen standen um mehrere kleine Tischchen herum, tranken süßen Wein und redeten, und nach einer Weile erschien mir alles überklar, ich hatte den Eindruck, ich verstünde synchron, was an diesem und was an der anderen beiden Tischen gesprochen wurde und konnte selbst perfekt sprechen, schaltete mich das erste Mal in dieser Nacht wirklich in die Gespräche ein, wurde verstanden, redete ebenso schnell wie anderen. Die Nacht glühte in allen Farben. Nichts mehr spürte ich von der Erschöpfung. Während ich mich mit den anderen Frauen über die Liebe auf Spanisch unterhielt, spielte sich in mir ein Film ab.

Ich war gerade siebzehn geworden und stand in Berlin in einem großen Zimmer. Es war das Zimmer meiner WG am Tempelhofer Ufer. Im Zorn war ich aus dem Langener Häuschen ausgezogen. Mein Vater brüllte, »hau doch ab, von mir bekommst du kein Geld für ein Leben in Berlin und dafür, dass du das Abitur hinwirfst. Sieh zu wie du da über die Runden kommst!« Meine Mutter weinte. Ihr trauriges Gesicht tauchte vor mir auf. Wir rauchten Haschisch, einen Joint nach dem anderen, und alles war wichtig. Die Gespräche über unsere Familien und unsere Wünsche nach Freiheit erreichten eine träumerische Intensität. In dieser Nacht entwarf ich mit den anderen aus der WG den Brief, den ich nach Hause schrieb. Ich wohnte nun schon eine in dem Alter ewige Zeit in Berlin: fünf Monate. Ich schrieb den Brief an meine Mutter, nicht an den Vater. In schwülstigem Pubertätsblabla führte ich aus, dass meine Mutter nicht traurig sein sondern es verstehen solle, dass ich in der momentanen Phase meines Lebens für meine eigene persönliche Entwicklung von anderen Menschen mehr lernen könne als von meiner Familie, und dass sie auch verstehen müsse, dass es in dieser Gruppe der anderen Menschen, bei denen ich jetzt wohne, eine Frau, Anka, gebe, die ich bewundere und die meinen Idealvorstellungen so nahe komme, dass sie für mich im Moment wichtiger sei als sie, die Mutter. Anka habe mir den Zugang zu einem Leben gezeigt, das frei sei von der Enge der kleinbürgerlichen Familie mit einem unintellektuellen aggressiv schimpfenden Textilarbeiter-Vater und einer Mutter, die sich, obwohl gebildet, ihm unterordne. Einer Familie mit Ausgehverboten. Mit tabubeladenem Schweigen über Sexualität. Mit verkrampftem Umgang mit ganz natürlichen Körperbedürfnissen. – Als hätte ich zu der Zeit mitreden können. Als wäre nicht ich selbst, wie wahrscheinlich viele in dem Alter, verkrampft mit Sexualität umgegangen. Die ersten Male mit einem WG-Mitbewohner waren zwar keine Katastrophe oder schmerzhaft gewesen, aber ich mühte mich vergeblich, etwas von der Ekstase zu spüren, über die ich gelesen hatte, über die alle anderen redeten, doch ich spürte nichts als leicht unangenehmes Reiben da unten. Das gestand ich mir natürlich nicht ein, sondern tat begeistert. Anka, die ich mir als mütterliches Vorbild konstruierte, als erotisch Begehrenswerte zu sehen, auch das gestattete ich mir wohl nicht. – Ich schrieb weiter über Anka, dass vor allem sie dazu beitrüge, dass diese Gruppe gut zusammenlebe, indem sie zuhören könne und auf andere eingehen, ohne zu sehr in deren Problemen zu versinken und ohne den anderen vorschreiben zu wollen, wie sie zu leben hätten. Sie würde immer Distanz bewahren. Ganz anders als du, Mutter! Und dass Anka alles anerkenne, was wir machten, wohingegen in meiner Familie nichts anerkannt würde. Es gehe nicht um Äußerlichkeiten wie Abitur, sondern darum, glücklich zu leben, und genau das hätte ich von Anka gelernt!

Das ist furchtbar, sagte Lucía gerade zu einer der anderen Frauen. Als hätte sie meine Gedanken gehört.

Ich hatte den Brief abgeschickt mit der Schlussbemerkung: das kannst du auch Vater ausrichten: wenn ihr mich kennenlernen wollt, müsst ihr nach Berlin kommen. Ich komme nie mehr zurück!

Die überempfindliche Wachheit und Klarheit ließ nach und schwand. Ich wurde traurig. Mein

Herz raste. Ich zitterte, mir war schwindelig und übel.

»Möchtest du noch mal?«, fragte Lucía.

»Nein, ich glaube nicht.« Ich sagte es wohl in ängstlichem Ton

»Hey, du brauchst davor keine Angst zu haben«, sagte Lucía, »wenn du das nur einmal, zweimal nimmst und dann lange nicht mehr, nur in solchen Nächten, dann schadet das nichts!«

LSD und Dolantin hatte meine Mutter bei mir gefunden. Es gab einen furchtbaren Streit zwischen meinen Eltern. Meine Mutter wollte mich zu einem Arzt oder Psychologen schicken. Mein Vater glaubte mir, als ich behauptete, ich würde das nur für eine Freundin aufbewahren, die ich in Frankfurt in einer Disko kennengelernt hatte. Ich wusste damals noch nicht einmal, was das war. Ich war wütend, weil meine Mutter in meine Hosentaschen gegriffen haben musste. – Ich verdächtigte auch meine Schwester Paula, mich verraten zu haben. Denn die Hose lag in unserem gemeinsamen Zimmer auf meinem Bett. Martha, die Jüngste, hatte ihr eigenes kleines Zimmer, auf das ich neidisch war. Ich wollte nicht alles mit Paula teilen müssen! Dass Paula vor ihrem Bett einen Vorhang anbrachte, reichte mir nicht. Wahrscheinlich hatte unsere Mutter die Hosentaschen nur vor dem Waschen leeren wollen.

Ich hasste es, dass unsere Mutter einfach in unser Zimmer kam und Klamotten zum Waschen herausholte. Anka, die Frau aus der Disko, hatte mir gesagt, ich solle das Zeug eine Weile aufheben und ihr dann wiedergeben, weil es einer Freundin von ihr gehöre, und die würde verfolgt, man dürfe nichts bei ihr finden und sie, Anka, sei zu nah dran.

Auf jeden Fall hatte der riesige Streit zur Folge, dass Mutter heulte und Vater mir ein Ausgehverbot für vier Wochen erteilte. Zwei Tage später haute ich ab. Ich fuhr nach Frankfurt und rief Anka an. Ich durfte bei ihr übernachten. Wie aufregend. Wir redeten die ganze Nacht und sie erzählte mir, dass sie bald nach Berlin ziehen würde, in eine Wohngemeinschaft. Ob ich mitkommen wolle.

Am Abend darauf tauchte Paula bei Anka auf. Sie war damals gerade fünfzehn, hatte mich aber schon in die Disko begleitet und kannte Anka.

Sie sagte, dass unsere Mutter umkäme vor Angst. Dass ich doch bitte wenigstens sagen solle, wo ich sei.

In Folge gab es extrem viel Streit zwischen den Eltern. Mein Vater war zunächst der Meinung, ich müsse meine eigenen Erfahrungen machen und würde schon auf die Füße fallen, wenn er zuließe, dass ich die Schule mit Mittlerer Reife abbräche und mit Anka nach Berlin zöge. Ich solle nur abhauen, würde schon sehen, was es bedeute zu arbeiten. Meine Mutter hatte Angst um mich. Sie warf unserem Vater vor, dass ich meine egoistischen Wünsche immer schon bei ihm gegen ihre Vorschläge habe durchsetzen können. Dass er und auch ich aber einmal nachdenken sollen. Schuleabbrechen würde mir nur schaden. Es gehe doch um meine Zukunft. Abitur würde mir weit mehr Möglichkeiten eröffnen. Sie versuchte mich mit sachlichen Argumenten zu überreden. Es sei doch keine lange Zeit mehr. Danach könne ich ja machen was ich wolle, frei leben. Ich zog aus.

Vater brüllte, als Anka mich abholte. Ich sehe noch heute, wie beide Eltern in der Tür des Häuschens stehen.

Lucía stieß mich an und fragte: »Wo bist du? Jetzt nimm doch noch mal eine kleine Portion!« Ich war hellwach. Ich zitterte noch immer. Und ich war mir sicher, dass ich, zumindest in dieser Nacht, nicht noch einmal schnupfen würde.

Ein paar Tage, nachdem ich den Brief an meine Mutter abgeschickt hatte, überredete mich Anka in einer Berliner Disko dazu, LSD zu schlucken. Ich wollte erst nicht und nahm es doch. Und landete auf dem Klo. Grüne Wände rückten immer näher und erstickten mich. Ich geriet in einen Horrortrip und wachte im Krankenhaus auf. Sie hätten mich fast nicht mehr reanimieren können, sagte man mir. Kurze Zeit darauf zog ich nach Hause zurück, wiederholte die Klasse und machte mein Abitur doch noch.

Woher sollte ich wissen, ob nicht Kokain eine ähnliche Wirkung bei mir hervorrufen konnte, wenn ich zuviel davon nahm. Das Klo mit den grünen Wänden war auf einmal so nah, als wäre das Ganze nicht vor Ewigkeiten passiert, sondern jetzt.

»Lieber nicht«, sagte ich zu Lucía. »Ich weiß nicht, ob mir das ein zweites Mal so gut bekommt wie eben.«

*

Es war schon lange hell. In der Euphorie des Kokainrausches, den ich das erste und bisher letzte Mal in meinem Leben dort erlebt hatte, war jeder Schmerz verschwunden, doch inzwischen ging es mir richtig schlecht, auch war der Schmerz an der Seite wieder aufgetaucht. Noch immer liefen wir. Meine Füße taten weh. Ich hatte mir eine Blase gelaufen. Die bequemen hässlichen Gesundheitssandalen, die ich im Sommer trug, hatten das nicht verhindert. Endlich setzten wir uns. Alle bestellten Kaffee, manche dazu einen Magno. Lucía orderte für mich einen halben Liter Wasser und etwas zu essen, Tortillas, Käse, schwere Kost. »Trink das Wasser und iss! Das brauchst du jetzt«, meinte sie fürsorglich und ich aß und trank folgsam und es ging mir wirklich besser. Sie verabredete sich noch mit Cecilia und Ana für den kommenden Tag, und dann, nach ausgiebigen innigen Abschiedsküssen, zerstreute sich die Runde. Ich nestelte das Halstuch herunter und hielt es Chaixiraxi hin, sie winkte ab und sagte, »behalt's, ich habe genug davon.«

Es war ein Uhr am Sonntagmittag, als wir in das Hotelbett sanken und Lucía sofort einschlief, ich noch ein wenig mit dem Schmerz an der Seite kämpfte, bevor ich wegdämmerte. Hatte ich eine Nierenbeckenentzündung?, fragte ich mich im Einschlafen, die Nässe, der Wind in der Nacht? Eine Blasen- oder Nierenbeckenentzündung hatte ich lange nicht gehabt, das letzte Mal, vermutete ich, auch in dieser ersten Berliner Zeit.

Oder war es einfach nur ein blauer Fleck?

Als wir so gegen drei am Nachmittag wieder in unserem Doppelbett erwachten, in dem weiß getünchten Hotelzimmer mit einem historischen Foto von Los Cristianos an der Wand, das eine riesige leere Bucht zeigte, wusste ich im ersten Moment nicht, wo ich war. War es Madrid? Lucía bemerkte meinen beunruhigten Blick und brachte mich zurück in die Gegenwart. Sie rückte von ihrer Bettkante zu mir und küsste mich auf die Nase, sagte, »willkommen in der Welt!«, sprang aus dem Bett, »komm raus, du möchtest doch noch etwas sehen von Teneriffa!«

Wir brachen ohne Kaffee auf. Fuhren nach Vilaflor, wo sie an eine Haustür klopfte, niemand öffnete, Lucía sagte, »da wohnt ein altes Paar, die kenne ich schon ewig, ich wollte nur hören, wie es ihnen geht. Wahrscheinlich schlafen sie gerade.« Ich fühlte mich noch immer seltsam, desorientiert. Dann aßen wir eine Kleinigkeit und tranken Kaffee. Diesmal versteckte sich das Lokal in einem grauen Gebäude, auf dem außen »Taller« zu lesen war. Wir fuhren hoch zum Teide, stiegen aus, gingen zu den Steinformationen am Rand des riesigen Lavafeldes und blickten zum Gipfel. Es war atemberaubend schön. Das kann keine Postkarte vermitteln. Lucía sagte, »der Teide gibt dir Kraft, glaub mir. Du musst viel einatmen hier!« Wir fuhren auf der anderen Seite hinunter und über La Orotava und Garachico zurück nach Los Cristianos, eine Raserei um die Insel, und wieder war es dunkel, Sonntagnacht, als wir dort ankamen, und wieder war mir schwindelig, von der Nacht, von den Kurven, von den vielen Blicken, von Lucías Geschichten über die Insel, die sie mir die Fahrt über erzählt hatte.

Wir trafen uns mit Cecilia und Ana an der Kirche und liefen eine Weile durch den Ort, vorbei an gefüllten Tischen mit essenden Menschen, und die drei fragten sich zunehmend verzweifelter, da wir alle Hunger hatten, wo man denn jetzt, am Sonntagabend um diese Zeit, noch essen könne, bis Lucía meinte, »ich bin sicher, bei Susana und Paco gibt es noch was«, um zwei Ecken bog und in ein Lokal mit laufendem Fernseher und einer Unmenge von Töpfen auf einer riesigen Herdlandschaft ging. Wir suchten uns etwas aus, aßen und redeten. Lucía schaute mich immer wieder intensiv an und erwischte mich, wie ich sie sehnsüchtig anstarrte, mir wurde bei ihren schnellen Blicken unbehaglich zumute. Dann sagte sie, vor den Ohren ihrer beiden Ex-Freundinnen, auch wenn diese gerade in ein intensives Gespräch über ein demnächst hier stattfindendes Theaterfestival vertieft waren, »ich sehe in deinen Augen, dass du etwas von mir möchtest, was ich dir zur Zeit nicht geben kann. Lass uns Freundinnen sein.« Ich verstand nicht ganz, was sie meinte, errötete aber und fühlte mich ertappt. Ich sehnte mich so nach ihr, nach ihrer Berührung, nach dem Sex, nach ihrer Liebe, und fast die ganze Zeit waren wir entweder wie in der Nacht mit vielen unterwegs gewesen oder waren herumgefahren. Obwohl der kurze Blick auf den Teide und die Fahrt durch die Lavafelder um ihn herum wirklich beeindruckend gewesen waren, hätte ich die Zeit lieber mit ihr im Hotelzimmer verbracht, nach dem kurzen Schlaf und der langen durchmachten Nacht. Wir beide hatten uns bis auf die Begrüßung noch nicht wirklich viel berührt, und es drängte mich so sehr zu ihr, dass ich fast zu weinen begann.

»Ist gut«, sagte sie, als sie meine Augen feucht werden sah, »wir reden darüber.« In ihrem Blick lag wieder Zärtlichkeit. Dann wandte sie sich den anderen zu, plauderte und bezog mich ein in ihre intensiven und zugleich locker charmanten Gespräche mit Cecilia und Ana, wie sie sie immer führte. Ich lachte sogar wieder, als sie einen doppeldeutigen Witz machte, den ich ausnahmsweise verstand. Als unsere Gläser leer waren, ging sie zum Tresen und bezirzte Paco, der eigentlich schließen wollte, uns noch eine große Karaffe Wein zu bringen. Sie blieb am Tresen stehen und redete mit ihm und Ana schaute verliebt auf ihren Rücken und sagte, »ist sie nicht wunderbar!« Ich nickte. Cecilia grinste und sagte, »ja! Man muss sie lieben. Sie ist meine Schwester.«

*

Im Hotel legten wir uns nackt ins Bett. Sie machte den Fernseher an, spürte meinen fassungslosen Seitenblick, sagte, sie müsse nach einer Nacht wie der letzten immer die darauf folgende Nacht gut schlafen, ob ich nicht auch müde sei? Fernsehen sei das Einzige, was sie schnell einschlafen ließe. Ich lag neben ihr, während ein Krimi lief, und hätte schon wieder weinen können. Der Schmerz auf meiner rechten Seite hatte sich verflüchtigt. Die aufregende Fahrt um die Insel herum, beim Essen, ich hatte ihn nicht mehr gespürt. Wahrscheinlich war es doch nur der Schlag des Wassers gewesen. Ich kämpfte gegen meine Tränen. War erschöpft und zugleich an einem Punkt nahe der Halluzinationen jenseits von Müdigkeit und ich war wahnsinnig erregt, war offen und nass. Ich sehnte mich so sehr, dass es wie Weinen war. Die Tränen der Lust. Ich wünschte mir, dass sie mich berührte, dort, wo ich so auf sie wartete, wenigstens einmal, ganz kurz. Sie starrte auf den Fernseher, zappte noch eine Weile herum und machte ihn schließlich aus, löschte ihr Licht, das auf meiner Seite hatte ich schon gelöscht, sah mich an, küsste mich, sagte, »schlaf gut, meine Kleine«, und drehte mir den Rücken zu, rückte aber ihren Po kräftig an mich ran. Und ich war so begierig nach ihr, dass mir diese Berührung fast genügte, als ich mich um ihren schönen heißen Arsch drängte, und in dieser Nähe dann doch ein wenig erlöst einschlief.

Kurz darauf schreckte ich hoch, spürte den Schmerz rechts wieder und machte mir hypochondrische Gedanken. Ich hatte den Eindruck, dass auch sie nicht schlief. Doch irgendwann waren wir beide eingeschlafen.

*

Ich erwachte von singenden auf- und abschwellenden Geräuschen direkt vor unserem Fenster. Schlief noch einmal ein und träumte, dass ich in einem engen Aufzug war, mit mir darin waren meine Großmutter und meine Mutter, es war so eng, dass wir Körperkontakt hatten. Meine Mutter sagte, »wusstest du denn nicht, dass deine Großmutter lesbisch ist?«

Dann wachte ich wieder auf, die Sonne schien auf den Vorhang und die singenden Geräusche waren noch immer da. Lucía drehte sich zu mir, lächelte mich an und begann mich zu berühren, sachte streichelte sie die Kuhle zwischen den Schlüsselbeinen, zwischen den Brüsten hindurch sehr langsam, sehr zart, so zart, wie ich sie kaum je erlebt hatte, über dem Bauchnabel zum Venushügel. Den umschloss sie fest und kam mit der anderen Hand nach. Ich war noch im Traum. Bin überhaupt – außer in besonderen Situationen, in denen ich es schaffe, mich zu vergessen, und die gab es oft mit Lucía – weniger der Mensch für Sex am Morgen. Ich bin mir meiner immer ungewiss, wenn ich erwache, innerlich wie äußerlich, der erste

Blick in den Spiegel erschreckt mich dann auch oft. Sodass sie ein wenig zu kämpfen hatte, mich zu öffnen. Sie wurde geil, sie wurde heftiger, schloss ihre Schenkel um meine, bewegte sich rasend und fickte mich zugleich mit der Hand, bis sie es natürlich schaffte und ich floss und schrie wie jedes Mal, und sie es sich auf meinem Hüftknochen besorgte.

Die singenden Geräusche von draußen drangen wieder zu uns und sie sagte, »das ist die Musik des Krans, komm, wir machen es noch mal«, und dann liebten wir uns und noch einmal und noch einmal, während draußen der Kran sang und das Zimmer immer wärmer wurde und wir immer sanfter.

Noch immer, wenn ich einen großen Baukran höre, denke ich an Lucía, denke ich an diesen schönen Morgen voller Liebe.

*

Kurz vor dem Aufstehen, als ich eng an ihr lag und entspannt nachbebte und es wieder losging in mir, ich hätte noch einmal und noch einmal weitermachen können, fragte ich sie, »hast du eigentlich dieses Geschenk von der Artistin noch, du weißt schon, dieses Spielzeug.« Das Wort Dildo brachte ich nicht über die Lippen, warum auch immer. Sie lachte, und da sah ich plötzlich so etwas wie ein paar Sommersprossen in ihrem dunklen Gesicht.

Die Sommersonne schaffte es, sie immer weiter zu verändern.

»Ach du meinst den dicken Holzschwanz. Ich glaube, der ist in einer Kiste bei Augusta. Magst du den? … Ich werde ihn dir schenken, wenn wir uns mal wiedersehen.«

Wir tranken in einer Bar einen Kaffee. Da sagte sie mir, sie müsse heute abreisen, würde mit dem Schiff nach Gran Canaria übersetzen. Ihr Sohn habe ein Problem. Sie habe sich zwar sein Leben lang nicht um ihn gekümmert, aber seitdem er erwachsen sei, suche er den Kontakt.

Ich stammelte etwas davon, dass ich schon jetzt Sehnsucht hätte. Sie sah verletzlich aus, viel weicher als oft. Ich verspürte den Drang, sie einfach nur in die Arme zu nehmen. Sie wiederholte, was sie am Abend zuvor gesagt hatte. Ausführlicher. »Ich habe das Gefühl, du wünschst dir etwas, das ich dir nicht erfüllen kann, jedenfalls nicht im Moment. Du schaust mich manchmal so hungrig an. So gefühlsgeladen. Lass uns in der Leichtigkeit bleiben. Ich mag an dir, wie du dich mitreißen lässt von den verrückten Windungen des Lebens. Das Leben ist nicht wirklich planbar. In der einen Sekunde bist du lebendig und in der nächsten bist du nichts. Du weißt, ich habe seit der kleinen Serie vom Juni keinen Job mehr. Dazu das Problem mit dem Führerschein. Und es war mehr als nur eine Alkoholkontrolle. Es war ein Witz. Als ich diese Kontrolle sah, habe ich gebremst wie eine Blöde, um noch eine Haltebucht zu erwischen. Und dabei nicht in den Rückspiegel geschaut. Der hinter mir ist draufgeknallt. Ich hatte einige Wein getrunken. Ich habe es nicht wahrhaben wollen, habe mich nicht ins Krankenhaus fahren lassen. Doch manchmal habe ich eklige Schmerzen. Beim Sex seltsamerweise nicht«, sie lachte mich an, »aber beim Gehen. Ich muss ziemlich gerade gehen. Wenn ich irgendeine falsche Bewegung mache, krümme ich mich vor Schmerz. Hat wahrscheinlich mit Belastung zu tun. Deshalb geht alles im Liegen … oder im Wasser«, sie lachte wieder und zwinkerte mir zu.

»O je, hast du dich untersuchen lassen?«

»Noch nicht. Obwohl mir auch Cecilia geraten hat, mich dringend röntgen zu lassen. Ach, was solls. Wird schon wieder …«

»Aber du musst dich wirklich röntgen lassen, das finde ich auch.«

»Ja. Ich werde in Las Palmas zu einem Arzt gehen. Cecilia hat mir dort einen guten Arzt für innere Medizin, so einen sanften, einen Osteopathen, empfohlen. Ich fahre heute irgendwann. Die Fähre geht ungefähr alle zwei Stunden von Santa Cruz nach Agaete. Fährst du mich nach Santa Cruz?«

Ich fühlte mich, als wäre ich in einem Trancezustand. Als wäre ich nicht wahr, als wäre Lucía nicht wahr. Meine Stimme kam mir unbekannt vor, als ich sagte, »natürlich! Und deine Sachen?«

»Das ist nicht viel. Die können wir nachher bei Lorena abholen.«

Mir wurde kalt, obwohl es so warm war.

Ich versuchte nicht, sie zu überreden, länger zu bleiben.

*

Wir aßen noch einmal zusammen, in einer versteckten Fischbude in der Nähe des Strandtreffpunkts, an dem die lange Nacht begonnen hatte. Sie aß riesige gebratene Krakenstücke und ich Sardinen, wir redeten über Cecilia und das Theaterfestival, als sei nichts Wichtiges sonst passiert. Dann fuhren wir die zweihundert Meter vom Hotel zu Lorena, ich wartete im Auto, während sie eine alte braune Reisetasche herausholte. Auf dem Weg nach Santa Cruz versuchte sie mich mit einigen Witzen aufzuheitern, was ihr nicht gelang, da ich den Sinn nur nach mehreren Erläuterungen verstand, aber den Witz nicht nachvollziehen konnte.

Im Hafengebäude tranken wir einen Kaffee. Sie erzählte mir von einem erotischen Roman, den sie gelesen habe. »Beim Lesen kann es passieren, dass mein Blut beginnt, durch die Venen zu rasen, mein Herz intensiver schlägt … Ich maile dir den Titel, mir fällt er gerade nicht ein.« Sie gab mir die Mobilnummer von Cecilia, ich solle sie doch anrufen, wenn ich mich hier langweilen würde.

Als sie aufstand und wir zusammen zum Schiff gingen, blieb sie plötzlich stehen, kramte in ihrer Tasche und holte den zerdrückten Strohhut hervor. »Nimm den noch für deine Tage hier am Strand. Und dann schmeiß ihn weg, der ist wirklich schon alt.«

Die schicke Stewardess lächelte sie an, als sie die Karte abriss, und Lucía machte eine ihrer charmanten Bemerkungen, die ich natürlich nicht verstehen konnte, denn ich stand vor der Absperrung, und anschließend lachte die Stewardess lauthals und antwortete ihr. Dann stieg Lucía die Treppe hoch und verschwand.

*

Am Nachmittag ging ich an den Strand, trug Lucías Strohhut und fühlte mich verlassen.

Ich schwamm bis an die Grenze meiner Kräfte, aber es half nichts. Ich wendete, was sie gesagt hatte, hin und her. Es war furchtbar. Ich versuchte mir einzureden, dass sie in ihren Problemen gefangen war und sich nicht trösten und nicht helfen lassen wollte. Wie hätte ich ihr auch helfen können? Vielleicht wollte sie sich mir gegenüber nicht entmutigt zeigen, so energiegeladen sie sonst immer gewesen war. Vielleicht konnte sie keinem zeigen, dass auch sie einmal schwach war. Um mich herum wieder die spanischen Familien, lachende, kreischende, Pingpong und Karten spielende Kinder. Nicht weit entfernt sangen die Mädchen. Sie saßen sich gegenüber, eine zählte, die andere sagte »stopp« und sie sangen. Genau wie vorgestern. Wie lange das her war, vorgestern, und wie seltsam, dass alles andere gleich geblieben war. Das Glitzern des Meeres, die kleinen Wellen, das Wasserspiel, das Fontänen in die Sonne schickte. Nur ich lag hier ohne Lucía. Wahrscheinlich ging jede dieser Familien immer an etwa denselben Platz, so wie ich jetzt ungefähr an der Stelle lag, an der ich mit Lucía gelegen hatte.

Am Abend rief ich Cecilia wirklich an, sie freute sich über meinen Anruf, fragte nach Lucía und schien erstaunt, dass sie schon abgereist war. Wir verabredeten uns in dem Lokal mit den vielen Töpfen.

»So, Lucía ist abgereist …«, begrüßte sie mich.

»Ja, sie hat so viele Probleme im Moment gerade. Ihr Sohn hat angerufen …«

Wir redeten über Lucía.

Cecilia sagte, »wie schade, dass sie immer flieht. Sie hat es sich schon oft mit ihren Liebsten verdorben. Wer hält das aus, wenn sie sich so zurückzieht? Sie kann sich nicht wirklich auf Liebe einlassen. Dabei hat sie so von dir geschwärmt. Davon erzählt, dass sie nach Berlin gehen könnte. Aber das konnte ich mir auch nicht wirklich für sie vorstellen. Sie ist ihrer Sprache verhaftet. Ich glaube nicht, dass sie je Deutsch gelernt hätte …«

»Nein«, sagte ich, »nein, darum geht es nicht. Es geht nicht um Liebe. Sie ist nur im Moment so belastet … der Unfall. Kein Führerschein. Kein Job. Ich glaube, sie ist in einer Depression und kann es nur nicht zugeben.«

Ich fragte Cecilia, ob sie wisse, was Lucía als Kind passiert sei, mit ihrem Alkoholikervater, dem Matador. Und mit ihrem Mann.

Cecilia wich aus. »Darüber musst du schon mit ihr selbst reden. Ihr Vater hat den Tod seiner Frau nicht verkraftet. Aber Lucía spricht nicht darüber. Ich kann dir nichts Genaues erzählen, sie hat auch früher nicht darüber geredet. Ich glaube, dass es besser für sie wurde, als sie ins Heim gekommen war. In Spanien gab es zu der Zeit zwar nur von Nonnen geführte Waisenhäuser, aber sie hat ihre Widerständigkeit üben können, hat Stärke gewonnen. Vielleicht ist es gut, dass sie ihren Vater nie wiedergesehen hat. Das Leben spielt heute, das sagt sie immer. Lass uns von etwas anderem reden. Sie ist eine wunderbare Frau, aber das weißt du ja. Du wirst immer auf sie zählen können.«

Cecilia lenkte das Gespräch von Lucía fort, fragte nach mir, nach meiner Arbeit, meinen Träumen. Wir saßen, bis der Wirt die Lichter ausschaltete. Keine Lucía war da, um zu ihm zu gehen und ihn zu überreden, für uns länger zu bleiben. Cecilia redete noch, als wir aufstanden und das Lokal verließen. Weit über uns war die Mondsichel wie eine vom Zirkel gezogene hauchdünne Linie zu erkennen. In mir begann der Film mit Lucía abzulaufen. Jede kleine Begebenheit rief ich mir vor Augen. Ich versuchte mich zu beruhigen.

Aber ich wusste, dass Lucía gegangen war.

Epilog

ZURÜCK in Berlin wollte ich es nicht wahrhaben. Ich holte sie mir wieder in meine Fantasie. Ich nahm sogar den Holzdildo als Hoffnungsanker. Sie hatte doch gesagt, dass sie ihn mir schenken wollte. Manchmal dachte ich auch in überflüssigen Konjunktiven: Hätte ich doch den Roman von Coelho nicht zurückgegeben. Dann hätte sie ihn nicht verloren. Und ich hätte ihr das Buch ein anderes Mal zurückgeben können. Oder nie. Vielleicht war es das, was unsere Geschichte beendet hat. Manchmal bewirkt etwas Winziges, ein kleiner unvorhersehbarer Zufall eine Wende im Leben. Oder ich dachte: Hätte ich nicht gesagt, dass ich sie liebe. Das hat sie erschreckt, mit zuviel Gefühl bedrängt. Mit der Zeit riss ich mich aus meinem Entzugsschmerz. Ich dachte dann einfach: Es war eine schöne kurze Liebesgeschichte. Mehr nicht, auch nicht weniger.

Mit Bea telefonierte ich einige Male, wir verabredeten uns aber erst zwei Wochen nach meiner Rückkehr aus Teneriffa. Ich hatte mich in dieser

Zeit endgültig dazu entschlossen, nach Madrid zu gehen. Ob ich Lucía wiederträfe oder nicht. Ein wenig Hoffnung machte ich mir natürlich. Mit Hilfe einer weitläufigen Bekannten von Sabine, einer Gast-Literaturprofessorin an der Universidad Complutense in Madrid, fand ich ein Zimmer, sogar am Rand von Chueca. Dass es in Madrid keine Jobs gebe, machte sie mir auch klar.

Sabine überredete mich, dass ich weiterhin wenigstens zwei Tage die Woche für sie arbeiten sollte. Sie werde das natürlich bezahlen. Aber nicht viel! Das Haus unserer Mutter war verkauft. Ich nahm mir vor, maximal ein Drittel des Geldes zu verbrauchen. Danach würde ich weitersehen. Entweder hätte ich dann einen Job in Madrid, auf den Inseln oder sonstwo in Spanien oder ich würde zurückgehen. In den acht Monaten, die ich in Madrid blieb, ging mir Sabine manchmal ziemlich auf die Nerven. Aus heiterem Himmel kamen Mails mit einer endlosen Liste an Ideen, was ich von dort aus alles für sie versuchen sollte.

Ich sagte Bea, dass ich mir einen Traum verwirklichen, eine andere Welt als Berlin erleben wollte.

Sie schaute mich an. Ich begann zu weinen.

Dann sagte sie: »Vielleicht ist es der Tod deiner Mutter gewesen. Ein Einschnitt, alles zu überdenken. Und vielleicht tut uns beiden eine Trennung gut. Ich sollte vielleicht auch alle Zelte abbrechen hinter mir … einfach fortgehen, alle Kontakte abbrechen, verschwinden …«

»Nein«, betonte ich, »nein, Bea, ich liebe dich natürlich noch! Ich will den Kontakt nicht abbrechen. Du kannst mich besuchen, ich kann dich besuchen, auch wenn ich in einer anderen Stadt lebe. Das ändert nicht wirklich viel. Ich möchte nur noch einmal etwas Neues ausprobieren.«

Das Wort »Liebe« wollte ich nicht mehr unbedacht benutzen. Aber es stimmte, irgendwie. Wir sind kein »Paar« mehr, waren wir es je?, aber »Liebe« ist es doch. Ich liebe Bea. Und auch Lucía liebe ich noch. Oder ist es die Erinnerung an sie? Und meine Mutter. Ich liebte meine Mutter eine lange Zeit nach ihrem Tod so sehr, dass ich es kaum aushielt. Jetzt ist diese Liebe schöner, schmerzfreier geworden. »Liebe« ist ein erschreckend banales und wichtiges Wort. Ich habe endlich angefangen, das Tagebuch meiner Mutter zu entziffern. Es liest sich wie ein Roman.

Noch immer kann ich nicht perfekt Spanisch. Es war aufregend und anstrengend. Lucía hat sich nach exzessiven Tagen immer Ruhe gegönnt. Der Krach vor dem Fenster meines kleinen Zimmers setzte nie aus. Manchmal gab es riesige Demonstrationen, ich bin mitgelaufen.

Ich habe mich oft mit Alexis getroffen und durch ihn viele andere kennengelernt. Die Literaturprofessorin hat sich rührend um mich gekümmert und mir Seiten von Madrid gezeigt, die nichts mit Chueca zu tun haben. Auch mit einer Buchhändlerin des schwullesbischen Buchladens freundete ich mich an, half im Laden und bei Veranstaltungen. Einen bezahlten Job fand ich nicht. Lucía mailte in größeren Abständen. Sie kommentierte politische Ereignisse und schrieb manchmal auch darüber, was sie machte. Sie war eine Zeitlang mit einer Theaterproduktion in Spanien unterwegs und ist dann nach Gran Canaria gezogen. Sie inszenierte Stücke mit Kindern. Sie schrieb ein Drehbuch. Sie wollte auch wieder in den Zirkus. Einmal chatteten wir. Sie saß in einem Internetcafé und schaltete die Webcam ein. »Kannst du mich sehen? Es gibt hier nicht gerade viel Licht.« Das war das erste Mal, dass wir chatteten.

Ich sah ein weißes Hemd. »Dein Gesicht ist ziemlich dunkel!« Wie der schattige Fleck sich bewegte, das konnte Lucía sein.

»Dass es dunkel ist, liegt nicht daran, dass ich am Strand war! Wir sind mit dem Stück ›Das sonderbare Paar‹ unterwegs. In Almería, Málaga, Granada, im Moment sind wir in Valencía.«

Wollte sie mich auf den Arm nehmen? Das sonderbare Paar! »Wie aufregend, dein Leben!

Ich sehe deine Ohren. Oh, jetzt ein riesiges Auge. Eine Nase.« Lucía ging wohl mit ihrem Gesicht ganz nah an das Kameraauge. In diesem dunklen Internetcafé konnte ich sie nicht wirklich sehen. Sie verabschiedete sich, meine Bemerkung darüber, wie erotisch auch ihre Ohren seien, wurde nicht mehr angenommen.

Cecilias Gedichte erschienen tatsächlich in Sabines Zeitung und Sabine träumt davon, ein kleines Lyrikfestival zu organisieren. Sie hat mir versprochen, auch Cecilia nach Berlin einzuladen.

Und ich denke jeden Tag an meine Mutter. An das, was wir uns nicht erzählten und was nicht in dem Tagebuch stehen wird, das ich noch nicht ausgelesen habe. Manchmal möchte ich mit ihr von Lucía reden.

Bea hat mich zweimal in Madrid besucht.

Ich werde Bea wahrscheinlich nie erzählen, dass ich in diesem Sommer beinahe mit einer Frau fortgegangen wäre. Vielleicht auf eine Insel. Vielleicht in einen Zirkus. Oder sehe ich es falsch, hätte umgekehrt ich Lucía verlassen, wenn nicht sie mich verlassen hätte? Es würde Bea sicher auch in vielen Jahren noch verletzen. Oder sehe ich auch das falsch und Bea und ich würden als alte Frauen darüber lachen, wie ich als gut Vierzigjährige beinahe mit einem Mädchen auf und davon gegangen wäre, wie damals mit sechs mit Miriam.

Aber ich war in dem anderen Leben gewesen. Manchmal versuche ich mir auszumalen, wie ich jetzt leben würde, in Madrid oder auf den Kanaren, mit Lucía, und mir fällt nicht viel ein. Den Strohhut, er war wirklich schon ziemlich alt, mit schmuddelig braunem Rand innen, habe ich längst weggeschmissen. Chaixiraxas knalliges Seidentuch besitze ich noch. Vor der Nacht auf der Promenade trug ich nie Halstücher, inzwischen ziemlich oft und fühle mich geschützt. Vor Erkältungen. Vor Traurigkeit. Die zerrissene Unterhose habe ich auch noch. Ich betrachte sie als Talisman. Er bringt Glücksgefühle. Aufbruchsglück. Sexuelles Glück. So lange der Fetzen noch irgendwo unten in meiner Wäscheschublade liegt, werde ich noch aufregenden Sex haben. Ob mit einer Vertrauten oder einem unbekannten Wesen. Manchmal verabreden Bea und ich uns zum Sex. Wir haben vereinbart, dass wir es dann auch machen und nicht vor dem Fernseher versacken.

Manchmal denke ich, Lucía wäre nichts als ein Traum gewesen. Ein Traum, der meinem Leben einen Schlenker verpasst hat. Doch dann mailt sie wieder. Ich antworte. Lucía wird einige Mails lang Wirklichkeit. Ich höre ihre Stimme. Wie sie immerzu und auch beim Sex geredet hat. Wahrscheinlich werden Lucía und ich uns irgendwann einmal wiedersehen. Es würde die kurze intensive Nähe entstehen, wie mit den Menschen aus ihrer Vergangenheit, denen ich mit ihr begegnet war. Sie würde mir ihre aktuelle Freundin vorstellen. Sich dann ganz mir widmen, sodass auch diese Neue von einem Hauch Eifersucht durchzuckt würde wie ich damals bei Ana. Vielleicht wäre Bea zufällig dabei und würde ebenfalls von Eifersucht gepackt. Und vielleicht müsste ich Bea dann doch noch von Lucía erzählen. Viellcicht würde meine Leidenschaft erneut aufflammen. Ist die Geschichte wirklich beendet? Die Zukunft ist schwer zu erzählen.

Irgendwann werde ich Bea und mir den süßen Reisauflauf kochen.

Impressum

1. Auflage Herbst 2011
PF 1621, D – 72006 Tübingen
Telefon: 0049 (0) 7071 66551
Fax: 0049 (0) 7071 63539
www.konkursbuch.com
E-Mail: office@konkursbuch.com

Gestaltung: Verlag & Freundinnen
Gedicht auf S. 197: Berbel, Autorin aus Las Palmas.
Zitat auf S. 216: Yoko Tawada, aus dem Essay *Das Tor des Übersetzers*, erschienen in *Talisman*.

ISBN: 978-3-88769-763-1